TAEによる文章表現ワークブック

THINKING AT THE EDGE

エッセイ，自己PR，小論文，研究レポート……，
人に伝わる自分の言葉をつかむ25ステップ

得丸さと子 著
中井梓左 イラスト

図書文化

TAEによる文章表現ワークブック
――エッセイ，自己PR，小論文，研究レポート……，
　人に伝わる自分の言葉をつかむ25ステップ

目次

はじめに──このテキストのこと　5
このテキストの使い方　7
このテキストのさらに詳しい説明　9
このテキストの見方　11
ワークシートのダウンロード方法　12

ウォーミングアップ編　＊フェルトセンスをつかむ＊

1. フェルトセンス感度チェック　14
2. リラックスのワーク──「いま，ここ」をつかむ　16
3. 色模様のワーク──イメージで表す　18
4. オノマトペのワーク──「からだの感じ」から語る　22
5. 比喩（ひゆ）のワーク──「からだの感じ」で考える　24
6. 花束のワーク──整理する，テーマを決める　26

初級編　＊微妙で複雑な感じを言葉にする＊

7. コツのワーク──「からだ」は知っている　30
8. 共同詩のワーク──言い切れない複雑さ　33
9. 励ます言葉のワーク──矛盾を含む豊かさ　40
10. マイセンテンスを詩にしよう──独自性を開く　49
11. マイセンテンスから書こう──独自性から展開する　57

中級編　＊豊かさを失わずに一般化する＊

12. パターンとは（解説）　66
13. 失敗は成功のもと──パターンを変換する　68
14. 社会に提言しよう──パターンを見つける　71

15. 交差とは（解説） *78*
16. 自己PR文を作ろう──自分に取材する *80*
17. 資料を使って論じよう──社会に取材する *90*
18. 経験から論じよう──個人の経験はみんなの経験でもある *96*
19. 感想文を書こう──パターンを創造しながら交差する *103*

上級編　＊概念を構造化して理論を作る＊

20. 理論とは（解説） *112*
21. 「～は…である」を使って考えよう *114*
22. 性質を考えて思考を深めよう *121*
23. 概念を組み込んで理論を作ろう *126*
24. 理論を精緻化しよう *134*
まとめ．フェルトセンスから理論を作る *142*

応用編　＊（実況中継）研究レポートを書こう＊

25-1．舞ちゃんのレストラン論 *146*
25-2．ゆかさん＆らんさんin "お伊勢さん" *153*

（付録）THINKING AI THE EDGE（TAE）STEPS（翻訳：得丸さと子・木田満里代） *161*
むすびにかえて *172*

アウトライン	キャッチコピー型アウトライン　*58*
	パターン型アウトライン（A型・B型）　*72*
	キャッチコピー型アウトライン（自己PR用）　*84*
	パターン交差型アウトライン（2つの交差：A型）　*92*
	パターン交差型アウトライン（4つの交差：B型）　*98*
	用語チェーン型アウトライン　*116*
	小見出し型アウトライン　*128*

コラム	コラム1　いきいきと書くコツ　*56*
	コラム2　引用と出典明記　*108*
	コラム3　清書後のチェックポイント　*144*

はじめに──このテキストのこと

この本はどんな本？

　みなさんこんにちは。この本を手にとってくださり，ありがとうございます。

　この本は，「自分を内側から元気にする文章表現のテキスト」です。なぜ，文章を書いて元気になるのでしょうか。それは，このテキストでは「からだの感じ」を使って文章を書くからです。「からだの感じ」はだれにでもあります。だから，このテキストで学ぶと，だれでも「自分を内側から元気にする文章」が書けるようになります。

　生きている「からだ」は，毎日さまざまなことを感じています。そのほとんどは，十分に注意を向けられないまま，一見，忘れ去られてしまうかのようです。けれども，一度，経験したことが完全に忘れ去られることはありません。たとえ自覚されなくても，その痕跡はたえず「からだ」に繰り入れられ，「からだ」を更新しています。

　そのままにしておいても，たいていの場合はそんなに困りません。しかし，大きな変化に出会ったり小さな変化が思わぬ方向に積み重なったりして，混乱してしまうことがあります。いったい自分は何をしたいのか，どんなふうに生きていきたいのかと悩んだことが，だれにでもあるでしょう。

　ときどき立ち止まって「からだ」に注意を向けることが大切です。それだけでも「からだ」はかなり整います。そうして感じたことを言葉で表現すれば，さらに整います。それを文章にまとめれば，さらに整い，整った感じが持続します。「からだの感じ」を使って文章を書くと「内側から元気になる」のは，このためです。「からだ」の内側を整えることは，内面的に成長することです。この本は「内面的成長を目的とする文章表現のテキスト」だといってもよいでしょう。

どんな文章が書けるようになるの？

　目的が「内面的成長」ですから，このテキストでの「よい文章」とは，「書いた人が内面的成長に向かう文章」です。具体的には，

1. 書いている過程で，自分の「からだの感じ」に気づく文章
2. 自分の「からだの感じ」を適切な言葉にできた実感がもてる文章
3. 自分の「からだの感じ」の全体をまとめることができた実感がもてる文章
4. ほかの人に見せることができる（見せたくなる）文章
5. 読んだ人の応答（共感や意見）が得られる文章

です。このテキストで学べば，日常的な感覚を言葉で展開できるようになります。主張が論理的に展開され，他人の批評に耐える文章が，書けるようになります。詩，エッセイ，自己PR文，小論文，研究レポート等，さまざまな種類の文章が書けるようになり，プレゼンテーションや文系の研

究論文作成のヒントも得られます。

　このテキストでは,「内面的成長」を可能にする方法として,米国在住の哲学者でありセラピストでもあるユージン・ジェンドリン博士と夫人のメアリー・ヘンドリクス博士が開発した**TAE (THINKING AT THE EDGE)** を,応用しています（P.9で詳しく説明します）。博士らによれば,私たち人間は「からだの感じ」を**フェルトセンス（felt sense）**として感じることができます。しかも,フェルトセンスには,個人の内面的成長だけでなく,個人をとりまく状況全体,つまり社会の発展のために重要なことがたくさん含まれています。「からだの感じ」を出発点にすれば,あなたの経験をもとに,社会に有益な提言ができるのです。

　毎日,みんな忙しいですね。でも,ちょっと,立ち止まってください。「感じましょう」「考えましょう」「書きましょう」「交わしましょう」。そうすれば,あなたの人生はもっと豊かで楽しくなります。世の中はもっとおだやかで暮らしやすくなることでしょう。

　さあ,一緒に始めましょう。

このテキストの使い方

このテキストの構成

　このテキストの多くのワークは、「感じ・考えるワーク」と「書き・交わすワーク」の2部構成になっています。「感じ・考えるワーク」は、ジェンドリン博士らのTAE（オリジナルTAEと呼びます）をかみくだいた内容になっています。「からだの感じ」と、言葉や論理を応答させながら進めます。TAEそのものはかなり難解ですが、このテキストを使えば、やさしく楽しく学べます。

　「書き・交わすワーク」は、オリジナルTAEにはない、このテキスト独自の部分です。「からだの感じ」から離れずに、それを絵や文章に展開し「創作物」にまとめます。まとめると、ほかの人に読んでもらうことができます。個人の「からだの感じ」が社会に開かれます。

　「からだの感じ」をつかむことに慣れていない人でも、大丈夫です。最初にいくつかのワークで、ていねいに「からだの感じ」をつかむ練習をしてから始めます。

　このテキストは、「からだの感じ」をつかむことから出発し、「からだの感じ」を文章にまとめ、社会に発信するところまでを、スモールステップで進む構成になっています。

こんな人に使ってほしい

　このテキストは、子どもから大人まで、さまざまな年齢の方に使っていただくことを願って作成しました。ウォーミングアップ編は小学校低学年、初級編は小学校高学年から取り組むことができます。より直接的には大学の文章表現系の授業での使用を念頭においています。本文と作成例を見ながら記入していけば1人でも学べますが、グループで学ぶと効果的です。先生やリーダーのもとで進められれば、さらに効果的です。

　「作文が嫌い」という人も大歓迎です。作文が嫌いなのは、「書きたいことを書けない」「決められた型どおりに書かなくてはならない」という思いがあるからではないでしょうか。入学試験やコンクール等、だれか（採点者）に気に入られる文章を書かなくてはならないと考える人も多いようです。これらのことは、このテキストにはあてはまりません。

　このテキストでは、「書きたいことを書く」が基本です。それは、でたらめに書くこととは違います。ほんとうに「書きたいことを書く」のは、一般に考えられているほどやさしいことではないのです。それには適切な方法とトレーニングが必要です。このテキストでは、「からだの感じ」を使うというまったく新しい方法を、わかりやすくていねいに解説しています。

こんなふうに使ってほしい

　このテキストの1つ1つのワークは、独立して取り組むことができます。やさしいワークからむ

ずかしいワークへと配列してあります。順番にすべてのワークを行うと効果的ですが，ウォーミングアップ編，初級編，中級編，上級編からそれぞれ1〜2個選んで取り組むだけでも，かなりの効果が期待できます。異なるワークを選びながら，全体を何度か繰り返すと，なおよいでしょう。

各ワークの所要時間のめやす

ワーク	所要時間
ウォーミングアップ編の各ワーク 初級編「7. コツのワーク」「9. 励ます言葉のワーク」 　　　「10. マイセンテンスを詩にしよう」 中級編「12. パターンとは」「13. 失敗は成功のもと」「15. 交差とは」 上級編「20. 理論とは」	20〜30分
初級編「8. 共同詩のワーク」「11. マイセンテンスから書こう」	60〜90分
中級編の上記以外のワーク 上級編の上記以外のワーク	120〜180分
応用編	数か月から数年

　上記は，それぞれのワークに要する時間のめやすです。ペースは人によって大きく異なります。グループで行う場合には，上記の時間のほかに個人作業の時間を織り込んで計画してください。応用編は，扱うテーマによって所要時間が異なります。

　ウォーミングアップ編の各ワークは，やりかたを覚えれば10〜20分で行えます。電車の中や就寝前の一日の振り返りの時間に，気軽に繰り返し取り組んでください。

　初級編－中級編－上級編と，同じテーマで継続して取り組むのも効果的です。その場合は，ワーク10または11→18→21→22→23→24の「感じ・考えるワーク」のみをつなげて行ってください。この形で実施すると，ジェンドリン博士らのオリジナルTAEに，最も近くなります。24は省略してもかまいません。最後に「書き・交わすワーク」を加えることをおすすめします。

　このテキストでは作品を「だれかに読んでもらう」ことを大切にしています。自分の書きたいことにこだわってばかりいると，ひとりよがりになってしまいます。だれかにコメントしてもらうことや，自分がだれかの作品を読んでコメントすることが重要です。仲間と文集を作ったり，インターネットを通じて発表したりして，作品を共有してください。作品発表の場も用意しています。また，ワークショップも開催しています。関心のある方は巻末の案内をご覧ください。

このテキストのさらに詳しい説明

　ここから先は，このテキストの理論的背景について説明します。「いまはあまり関心がない」という方は，ここはとばして，さきにワークに取り組んでください。

フェルトセンスとは？
　このテキストは，米国在住の哲学者でありセラピストでもあるユージン・ジェンドリン博士と夫人のメアリー・ヘンドリクス博士の開発した理論構築法 TAE（THINKING AT THE EDGE）を文章作成法に応用しています。TAE では「からだの感じ」（フェルトセンス = felt sense）を使います。
　フェルトセンスはだれでも持っている「からだの感じ」です。しかし，疲労や空腹のような身体感覚とは違います。「怒り」「喜び」のような感情そのものとも少し違います。
　ジェンドリン博士は，カウンセリングの効果を検証する研究を通じてフェルトセンスの存在に気づきました。1960 年代のことです。ジェンドリン博士は師のカール・ロジャーズ博士との共同研究のなかで，カウンセリングの成功／不成功は，カウンセラーの熟練度やカウンセリングの技法よりも，クライエント（相談に来た人）の話し方によることを発見しました。成功するクライエントは，自分の内側の，まだイメージや言葉にならない「感じ」を確かめながら，言葉を探していました。ジェンドリン博士は，この身体の内側でたえず動いている漠然とした「からだの感じ」に，「フェルトセンス」と名前をつけたのです。ですから，「フェルトセンスを発見した」と言っても，存在を発見したわけではなく，だれでも持っているけれども気づかないものに名前をつけたというほうが正確でしょう。
　この研究をきっかけとして，ジェンドリン博士は，人々がより自覚的に自分の「からだの感じ」（フェルトセンス）に焦点を合わせる方法である「**フォーカシング**」を開発しました。フォーカシングは，心理的に健康な人が，より健康に生きるために役立つ方法でもあります。

TAE とは？
　TAE（THINKING AT THE EDGE）は，ジェンドリン博士と夫人のメアリー・ヘンドリクス博士がフォーカシングをさらに発展させてつくりました。ジェンドリン博士の思想は，フッサール，ハイデガー，ウィトゲンシュタイン，ディルタイ等の思想家の影響を受けていますから，TAE は，哲学等の思想と心理臨床実践の交差するところから生まれたといってもよいでしょう。
　TAE では，14 のステップをふみながら，言語の力を活用して，フェルトセンスをより精緻に構造化していきます。「からだ」に暗在する「知」を，その豊かさ・複雑さを損なわずに，言葉にし

ながら引き出していきます。生きている「からだ」は，たえず環境と応答しており，その応答はでたらめではなく秩序があります。生命は秩序なしに「からだ」を維持することはできません。その秩序が「からだ」の「知」です。それは「からだ」に暗在しており，ふだんはあまり感じられませんが，「からだ」の内側に注意を向ければ，「この感じ」（フェルトセンス）として，その存在を感じることができます。そのままではぼんやりして，つかみどころがありませんが，適切な方法でかかわれば，フェルトセンスのかなりの部分が言語化できます。しかも言語化することにより，「からだの感じ」はより明確になり，自分がどの方向に進めばよいか，何をすればよいか，どんなふうに生きていけばよいかを，確信をもって感じることができるようになるのです。

　また，フェルトセンスを言語化することにより，個人の内側の「からだの感じ」をほかの人に伝えることが可能になります。フェルトセンスを言語化すると，よりしっかりと周囲の人や社会とつながることができるのです。TAE はそれを助けるための，具体的な方法の1つです。

このテキストと TAE との対応

　このテキストは，ジェンドリン博士らのオリジナル TAE の 14 ステップのうち，ステップ 12 までを対象にしています（ステップ 13，14 は，得られた結果をいったんテーマ以外の広い領域に適用し，再びテーマとする領域に戻る段階です）。ステップ 12 までをいくつかに細分化し，わかりやすく，楽しく取り組める短いワークにアレンジしました。このテキストで学べば，オリジナル TAE を知らなくても自然に TAE のエッセンスを理解し，実践できるようになります。

　また，さきに述べたようにオリジナル TAE は「思考法」であり，絵を描いたり文章を書いたりしません。まとまりのある「創作物」を生み出すのは，このテキスト独自の特徴です。下に，このテキストの各編とオリジナル TAE のステップとの対応を示します。また，巻末にオリジナル TAE の日本語訳を収録しました。参考にしてください。

このテキストの各編とオリジナル TAE のステップとの対応

このテキストの各編	各編の目標	オリジナル TAE
ウォーミングアップ編	フェルトセンスをつかむ	ステップ 1
初級編	フェルトセンスの微妙で複雑なところを言葉にする	ステップ 1 から 5
中級編	フェルトセンスの豊かさを失わずに一般化する	ステップ 6 から 9
上級編	フェルトセンスを構造化して理論を作る	ステップ 10 から 12
応用編	全体を通して復習する，テーマに合わせて応用する	ステップ 1 から 12

このテキストの見方

この本は，読みながら自分のペースで進めていくワーク形式です。各ページにはこんな意味があります。

● **鳥のマーク**

ワークを行う人数を示しています。1羽は1人でできるワーク，2羽はペアで行うワーク，3羽はグループで行うワークです。

● **ねらいと方法**

ワークのねらいと，ねらいを達成するための方法が書かれています。ワークを行う前に読んでみましょう。

● **鉛筆マーク**

このワークで使うシートの番号が書いてあります。シートは，ホームページからダウンロードできます（P.12参照）。鉛筆マークの後ろに①と書いてあれば，それはシート内の書き込み場所を指しています。①なら，シートの①を見てください。

● **作成例**

実際にワークを行った人が書いたシートです。どんなことを書くのか，イメージをつかむのに，参考してください。

ワークシートのダウンロード方法

1. ホームページにアクセスする

この本で使うワークシートは，ホームページ上にあります。以下のURLにアクセスして下さい。

http://www.toshobunka.co.jp/books/support/tae_work.htm

（TAEによる文章表現ワークブック　サポートページ）

2. パスワードを入力する

下記のようなボックスが表示されます。パスワードを入力し，「送信」ボタンを押して下さい。パスワードは，「**feltsense**」です。

3. PDFファイルをダウンロードする

下記のように，ワークシートへのリンクがあります。必要なシートを選び，ダウンロードします。ここでダウンロードできるのは，PDFファイルです。

ファイルをダウンロードしたら，印刷します。

4. ワークを始める

印刷したワークシートと鉛筆（筆記用具）を準備し，手順にそって始めます。

ウォーミングアップ編
フェルトセンスをつかむ

「からだ」は常に何かを感じています。
身体の内側に注意を向けると，
「この感じ」として，
フェルトセンスを感じることができます。

イメージで表現すると，
たえず動いている「からだの感じ」が，
ゼリーのようにゆるやかにまとまります。
これを，フェルトセンスを「つかむ」といいます。

ウォーミングアップ編のワークは，
フェルトセンスを，やわらかな
ゼリーのように，ゆるやかにまとめ，
つかむためのワークです。

ゆるやかにまとまる

自分の感性に自信をもちましょう。それが文章表現のスタートです。あなたが感じている「そのこと」は，言葉にする価値のあることです。だれかに伝える価値のあることです。ウォーミングアップ編のワークを通じて，まだ言葉にならない「言いたいこと」を，「からだの感じ」としてとらえられるようになります。

1 フェルトセンス感度チェック

ねらい：「フェルトセンス（felt sense）」を体験的に理解する
方　法：質問に答えながら実際に感じてみる

フェルトセンス？　聞き慣れない言葉ですね。英語で felt sense と書きます。直訳すると「感じられる意味」という意味です。フェルトセンスはだれでも持っている「からだの感じ」です。もちろん，あなたにもあります。次の質問に，答えてみましょう。

感じるワーク 〉〉〉

①人と出会ったとき，その人の名前を知っていることはわかっているのに，名前が出てこなかったことがある。

1．まったくあてはまらない
2．あまりあてはまらない
3．どちらともいえない
4．かなりあてはまる
5．よくあてはまる

②（作文などを）書いたあとで，自分の書きたかったことと，どこか違うように感じたことがある。

1．まったくあてはまらない
2．あまりあてはまらない
3．どちらともいえない
4．かなりあてはまる
5．よくあてはまる

③家を出たあと，何か忘れ物をしているように感じたことがある。

1．まったくあてはまらない
2．あまりあてはまらない
3．どちらともいえない
4．かなりあてはまる
5．よくあてはまる

④だれかと話している途中で，言おうとしていたことを忘れてしまい，思い出そうとしたことがある。

1．まったくあてはまらない
2．あまりあてはまらない
3．どちらともいえない
4．かなりあてはまる
5．よくあてはまる

⑤言おうとして忘れていたことが何だったかを思い出し，すっきりしたと感じたことがある。

1．まったくあてはまらない
2．あまりあてはまらない
3．どちらともいえない
4．かなりあてはまる
5．よくあてはまる

おそらくだれでも，上のような経験があるでしょう。そのとき，あなたは**フェルトセンス**を感じています。フェルトセンスは「自分のなかにあるとわかっているのに，うまく表現できない感じ」，言葉になる以前の「からだの感じ」です。

1. フェルトセンス感度チェック

もう少し続けましょう。あなたは，次のような「感じ」を，いま，感じてみることができますか？

⑥自分の好きなもの（人）について，「好きだ」とういう感じの全体を，いま，感じてみることができる。

1. まったくあてはまらない
2. あまりあてはまらない
3. どちらともいえない
4. かなりあてはまる
5. よくあてはまる

⑦嫌いな食べものの，「嫌い」という感じの全体を，いま，感じてみることができる。

1. まったくあてはまらない
2. あまりあてはまらない
3. どちらともいえない
4. かなりあてはまる
5. よくあてはまる

⑧暑い日に，かき氷を食べているときの身体全体の感じを，いま，感じてみることができる。

1. まったくあてはまらない
2. あまりあてはまらない
3. どちらともいえない
4. かなりあてはまる
5. よくあてはまる

⑨冬の夜に，しんしんと雪が降るのを窓から一人で眺めているときの感じを，いま，感じてみることができる。

1. まったくあてはまらない
2. あまりあてはまらない
3. どちらともいえない
4. かなりあてはまる
5. よくあてはまる

⑩いままで行ったことがある場所のなかで，一番気に入っている場所にいるときの感じを，いま，感じてみることができる。

1. まったくあてはまらない
2. あまりあてはまらない
3. どちらともいえない
4. かなりあてはまる
5. よくあてはまる

※答えた数字を合計してください。

合計　　点

30点以上……感度良好
30点未満……将来有望

フェルトセンスは自然に出てくることもありますが，身体の内側に注意を向けると感じることができます。注意を向けることを**フォーカシング**といいます。フェルトセンスは，一度しっかり感じておくと，その感じを覚えておいたり，その感じに戻ったりすることができます。また，一度も経験したことがないことでも，言葉を手がかりにフェルトセンスを感じることができます。

2 リラックスのワーク

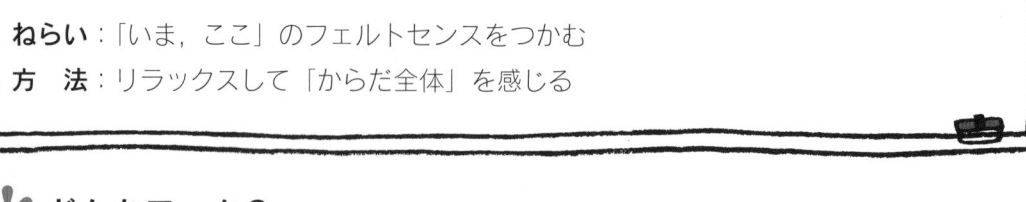

ねらい：「いま，ここ」のフェルトセンスをつかむ
方　法：リラックスして「からだ全体」を感じる

❋ どんなワーク？

　このワークの目的は「いま，ここにいる自分」のフェルトセンスをつかむことです。リラックスして，ゆったりと「からだの感じ」に注意を向けましょう。最初は部分に注目しますが，最後は「からだ全体」を感じるのがポイントです。

❋ 手順は？

感じるワーク >>>

手順0 > 準備

　このワークは1人で行います。グループで行える場合は，1人が下のインストラクションを読み上げるとよいでしょう。

手順1 > 深呼吸する

　まず，ゆっくり深呼吸します。「1つ，2つ，3つ……」とゆっくり数えながら，「つ」のところで，息を大きくはきます。軽く目を閉じてもよいでしょう。楽な姿勢で，リラックスして行います。

手順2 > 足の裏の「感じ」を確かめる

　次に，「からだの感じ」を，ゆっくり感じます。まず，足の裏を感じてみましょう。足の裏はどんな感じですか。靴下や靴を通して，地面に触れていることでしょう。言葉にする必要はありませんが，「こんな感じ」と確かめます。もしも，自然に言葉が出てきたら，「そうなんだね」と声をかけるようなつもりで，「その感じ」を確かめましょう。

手順3 > 体のいろいろなところの「感じ」を確かめる

　いま感じている「からだの感じ」を少しずつ動かしていきます。膝の感じはどうですか。右の膝，左の膝，ていねいに確かめましょう。少しずつ，ゆっくりと身体の上の方に上がっていきます。腰はどうですか。背中はどうですか。肩はどうでしょうか。右の肩，左の肩。言葉にする必要はありません。「こんな感じだなあ」と確かめていきます。何か言葉が出てきたら，「そうなんだね」と，その言葉も大事にしましょう。もう少し上に上がって，頭から，顔に回ってみます。目，鼻，口を，確かめましょう。

2. リラックスのワーク

手順4〉身体の内側の「感じ」を確かめる

　口から身体の中に入りましょう。口の中はどんな感じですか。のどはどんな感じですか。胃、おなか、おへその裏側、身体の内側の感じを、ゆっくり感じます。身体の内側を上がったり下がったりしながら、「からだ全体」を感じます。部分にとらわれず、全体を大事にします。

手順5〉いまの自分の「感じ」を尋ねる

　「いま、私はどんな感じかなあ」と身体の内側に尋ねてみましょう。「こんな感じ」と「からだ全体の感じ」が確かめられたら、「その感じ」を持っておけるように、ゆっくりしっかりと感じます。それがフェルトセンスです。フェルトセンスが確かめられたら、このワークは終了です。

　終了するときは「そろそろ終わりにしようね」とフェルトセンスに声をかけるような気持ちで、静かに終わります。目を閉じていた人はゆっくり目を開けましょう。

ゆるやかにまとまる

手順6〉感じたことを分かち合う

　グループで行った場合は、近くにいる人と、感じたこと、気づいたことを話し合います。全体に発表してもよいでしょう。1人のときは、感じたこと、気づいたことをメモします。

✳ どんな意味があるの？

　フェルトセンスに注意を向け、それをつかまえる（持っておく）練習をしました。これから先のすべてのワークの基本になるワークです。フェルトセンスは注意を向けると、やわらかなゼリーのように、ゆるやかにまとまります。これを**ジェル化**と呼ぶことにします。まだ言葉で表現できなくてよいのです。「こんな感じ」と「何か」がつかめたら、うまく展開しています。最初はむずかしいかもしれませんが、繰り返すうちに、できるようになります。このワークはリラックスして行うので、心身共に楽になります。ちょっとした休憩時間や、夜寝る前等に取り組んでみてください。

3 色模様のワーク

ねらい：フェルトセンスをイメージで表現する
方　法：既存の色や形のイメージにとらわれず，自由に表現する

✲ どんなワーク？

　フェルトセンスをイメージで表現してみましょう。紙とクレヨンを使いますが，絵の上手下手は関係ありません。また，何を描くか，どんな色を使うかで，心の中を調べたり占ったりするものでもありません。赤は暖かい色，黒は暗い色というようなありきたりのイメージにとらわれず，自分のフェルトセンスにぴったりの色や線を，こだわって探します。最後に，絵にタイトルをつけます。タイトルをつけるのは「全体の感じ」を言葉で表現する練習になります。

✲ 手順は？

感じるワーク 〉〉〉

手順0〉準備
　白い紙とクレヨンまたは色鉛筆を用意します。このワークは1人で行います。グループで行うことができれば，メンバーと感じたことを分かち合うと，さらに効果的です。

手順1〉リラックスして自分の「感じ」を確かめる
　ゆったりとリラックスして，「いま，私はどんな感じかなあ」と自分の内側に尋ねます（時間があれば「2. リラックスのワーク」を行います）。「こんな感じ」と確かめられたら，そのフェルトセンスを覚えておくつもりで，十分に感じます。

手順2〉「感じ」を色や線で表現する
　「その感じ」を色で表現するとすれば，どんな色が合いますか。クレヨンの箱を見て，「いまの自分は，色で表すと何色かな？」と自問します。思い込みにとらわれず，いまの自分に一番合いそうな色を選びます。選んだら「これでどうかな」とフェルトセンスに照らし合わせましょう。ぴったりの色は見つからないかもしれませんが，とりあえず，一番近い色を使って，白い紙に塗っていきます。線や形を描いても，塗るだけでもかまいません。自由に描いていきます。

手順3〉色や線を加えていく
　描いたもの全体を見て，「ほかに何があれば，もっと，いまの感じに合うかなあ」と，絵をフェルトセンスに照らし合わせます。一番合いそうな色を手に取り，紙に色や線を加えていきます。どこに何を描いても，重ねて塗ってもかまいません。自由に描いていきます。

2本目のクレヨンが終わったら，また，描いたもの全体を見て，「ほかに何があれば，もっと，合うかなあ」と絵をフェルトセンスに照らし合わせます。一番合いそうな色を手に取り，紙の上に色や線を加えます。この要領で，3本目のクレヨン，4本目のクレヨンと続けていきます。同じ色を何度使っても，使わない色があってもかまいません。何かの形が描きたくなったら描いてもかまいませんが，形よく仕上げることより，フェルトセンスに合うことを優先します。

手順4〉終われるかどうかをフェルトセンスに問い合わせる

ある程度描けたら，フェルトセンスに「これくらいで終われそうかなあ」と問い合わせます。完全に表現し尽くすのはむずかしいのですが，「これくらいでよさそうだなあ」と感じたら終わります。

手順5〉絵の「全体」をフェルトセンスに照らし合わせ，タイトルをつける

描き終わったら，絵の全体をよく眺め，フェルトセンスに合うかどうか確かめます。足りないときは描き足します。全体を眺め，絵にタイトルをつけましょう。絵の中の好きな場所に，タイトルを書きます。そして，なぜそのタイトルにしたのか，簡単な説明を鉛筆で書きます。

手順6〉感じたことを分かち合う

グループで行っている場合は，近くにいる人と，絵を見せ合いながら，感じたこと，気づいたことを話し合います。全体に発表してもよいでしょう。1人で行っている場合は，感じたこと，気づいたことをメモしておきます。

✱ どんな意味があるの？

「いま，ここ」のフェルトセンスに注意を向け，イメージで表現しました。並んでいるクレヨンを見たとき，どの色を使うかを決めることができましたね。次にどこにどんなふうに描くか，絵の中の足りないところもわかりましたね。

このように，フェルトセンスは注意を向けるとその色合いや手触りを伝えてきます。クレヨンにぴったりの色がないと感じた人も多いことでしょう。フェルトセンスは「何か違う」という感じを，はっきり伝えてきます。でき上がった絵はフェルトセンスにぴったりですか？　まあまあだと感じられれば，うまく展開しています。フェルトセンスは，完全に表現するのは不可能なのです。

START!

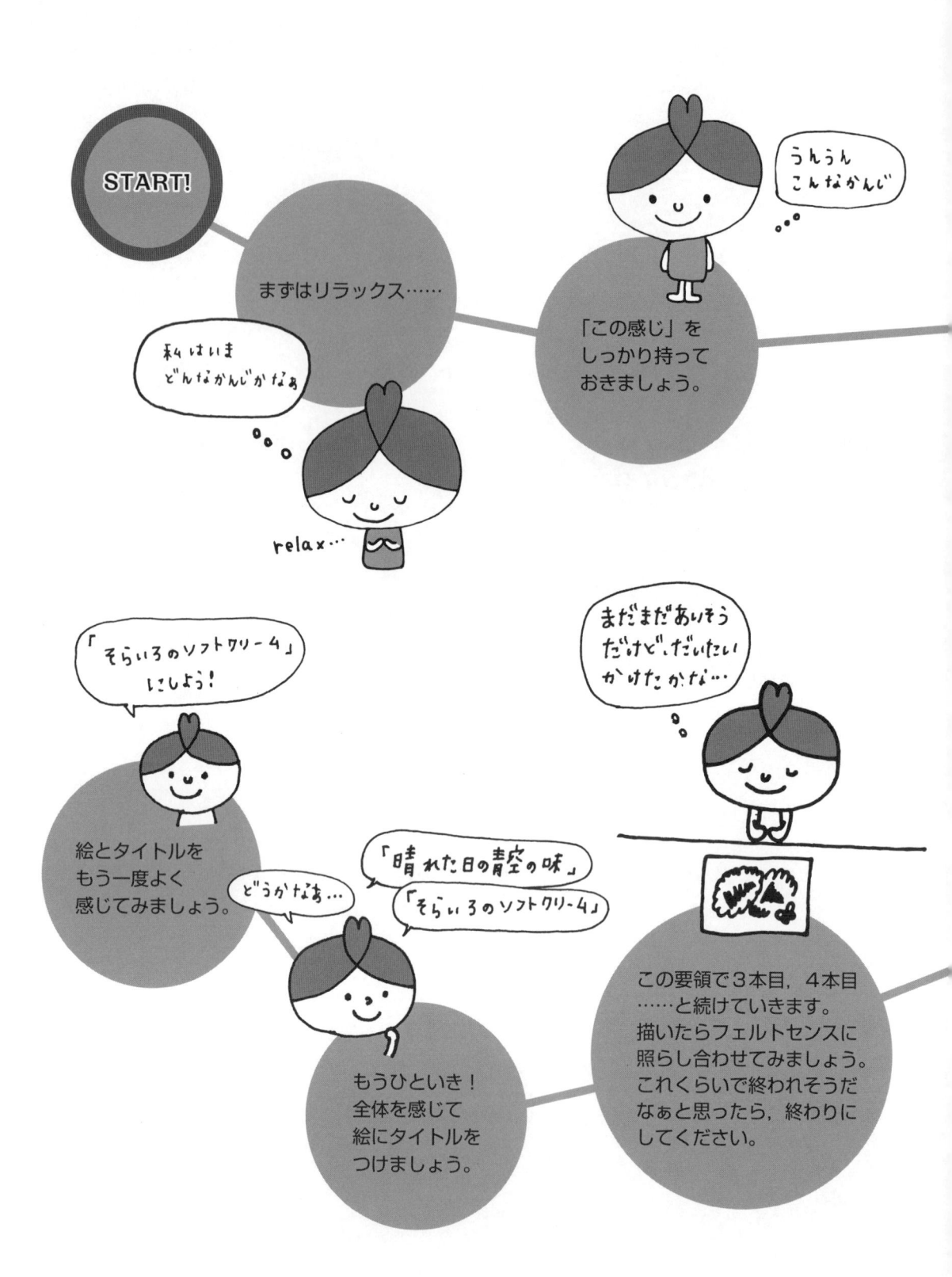

まずはリラックス……

relax…

私はいま どんなかんじかなぁ

うんうん こんなかんじ

「この感じ」を しっかり持って おきましょう。

「そらいろのソフトクリーム」 にしよう！

絵とタイトルを もう一度よく 感じてみましょう。

どうかなぁ…

「晴れた日の青空の味」 「そらいろのソフトクリーム」

もうひといき！ 全体を感じて 絵にタイトルを つけましょう。

まだまだあいそう だけど、だいたい かけたかな…

この要領で3本目，4本目 ……と続けていきます。 描いたらフェルトセンスに 照らし合わせてみましょう。 これくらいで終われそうだ なぁと思ったら，終わりに してください。

3. 色模様のワーク

「この感じ」にはどんな色が合うでしょうか？合う色が出てくるまで待ちましょう。

「これだ！」と思う色が見つかるときは，1本のクレヨンが光っているように感じるかもしれません。

その色を使って自由に描いてみましょう。

描いたら全体を見てみましょう。

ほかに何があればもっと今のかんじに合うかなあ

またフェルトセンスに合う色を選びます。

自由に描いてみましょう！

4 オノマトペのワーク

ねらい：フェルトセンスを感じて「からだの感じ」から語る
方　法：オノマトペを使う

❋ どんなワーク？

あなたのお気に入りの場所はどこですか？「自分の部屋のソファの上」「行きつけの喫茶店のあの席」「近所の本屋さんのあの棚の前」などなど……。それぞれ，お気に入りの場所があることでしょう。このワークでは，その場所にいるときのフェルトセンスを，**オノマトペ**を使って表現します。オノマトペとは，「ぽかぽか」「スースー」などの擬態語や擬音語のことです。

❋ 手順は？

感じ・分かち合うワーク ⟩⟩⟩

手順0 ⟩ 準備

白い紙と鉛筆を用意します。2人1組になり，話し手と聞き手を決めます。聞き手はメモをとりながら時間を計ります。2分ずつ行い，役割を交代します。このワークはペアで行いますが，1人でも実施できます。

手順1 ⟩ 話し手は，その場にいる「感じ」をつかむ

話し手は，自分のお気に入りの場所を1つ決め，聞き手に見えないように紙に小さく書き，裏返しておきます。そして，その場所にいるかのように感じます。お気に入りの場所にいる「感じ」がつかめたら，合図をします。聞き手は「どんな感じがしますか」と尋ねます。

話し手は，お気に入りの場所にいるときのフェルトセンスを感じながら，それをオノマトペで表現します。よくあるオノマトペだけでなく，自分のフェルトセンスに合うオノマトペを新しく作ってもかまいません。3つくらいオノマトペが出てきたら，そのあとは，オノマトペ以外の言葉も自由に使います。微妙で複雑なところにこだわり，自分のフェルトセンスに合う言葉を，身体の中から作り出すような気持ちで表現します。「いま，自分がどこにいるのか」は説明せず，「いま，自分はどんな感じなのか」を言葉にしていきます。

手順2 ⟩ 聞き手は話し手の言葉をゆっくり繰り返す

聞き手は，話し手の「感じ」を自分も感じるようなつもりで，話し手の言葉をゆっくり繰り返します。例えば，話し手が「ぽかぽか」と言ったら，聞き手は話し手のフェルトセンスを感じるよう努めながら「ぽかぽか」と同じ調子で言います。これを**伝え返し**と言います。

4. オノマトペのワーク

手順3〉きりのよいところで終了する
　終了1分前になったら，聞き手は話し手に「あと1分です」と知らせます。2分たったら「そろそろ終了です」と言います。話し手は，きりのよいところで終了します。

手順4〉感じたことを分かち合う
　終了したら，まず，聞き手が，「話し手がどんなところにいると感じたか」を，話します。次に，話し手が，手もとの紙を裏返して見せ，「自分がどんなところにいるときの感じか」を，話します。その後，お互いに，気づいたことを，自由に話しましょう。
　このワークは，話し手のいる場所を当てることが目的ではありません。同じような「感じ」をほかの場所で感じることもあることでしょう。同じ場所にいても違った「感じ」をもつこともあるでしょう。話し合いでは，お互いに，相手がどんなふうに感じていたのかを，感じ合いましょう。
　1人で実施しているときは，同じような「感じ」を，ほかの場所で感じたことはないかなあ，よく似た場所で違った「感じ」がしたことはないかなあと，自問してみます。

✳ どんな意味があるの？

　フェルトセンスに注意を向け，そこから言葉を出しました。オノマトペを使ったのは，すでにある言葉にとらわれず，フェルトセンスの微妙で複雑なところを表現するためです。そのために，聞き手に伝え返しをしてもらいました。伝え返しには，話し手が，矢継ぎ早にありきたりの言葉を並べてしまうのを防ぐ効果があります。また，話し手は，自分の発した言葉を外からの声として聞くことになるので，自問自答が促進されます。1人で行うときも，言葉を出しすぎず，立ち止まってフェルトセンスを感じることを大切にして，ゆっくり行ってください。

『よりそう』
話し手は自分のフェルトセンスを感じます。
聞き手は話し手のフェルトセンスを一緒に感じるような気持ちでよりそいます。

『伝え返す』
自分の言った言葉が外から入ってくることで，よりフェルトセンスに問いかけやすくなります。

5 比喩（ひゆ）のワーク

ねらい：フェルトセンスを使って「からだの感じ」で考える
方　法：身近なものを何かにたとえる

❋ どんなワーク？

「頭を使って考える」という言い方があります。このワークでは，フェルトセンスを使って「からだの感じ」で考えてみましょう。こう言うと特別なことのように思うかもしれませんが，私たちは，ふだんの生活でも，意識せずに「からだの感じ」で考えています。例えば，何かを何かにたとえるときです。「からだの感じ」で考えると，「そらいろのソフトクリーム」（P.20 参照）のように，新しい表現を作り出すことができます。また，表現することで気づきがもたらされます。

❋ 手順は？

感じ・考え・分かち合うワーク 〉〉〉

手順0 〉 準備

このワークはグループで行います。3～6人のグループが数組できれば理想的です。人数が少ない場合は，ペアを数組つくります。1人で実施することもできます。

手順1 〉 イラストのなかから1人を選ぶ

最初は1人で行います。次ページの人物イラストのなかから，その人の「感じ」がよく伝わってくる人物を1人選び，その人の「感じ」を「この感じ」としてよく感じます。外見的な特徴（体格，服装など）を分析的にとらえるのではなく，その人の雰囲気全体を感じます。

手順2 〉「この感じ」を何かにたとえる

「この感じ」がつかめたら，その人を次の1～4にたとえます。

1. その人を食べ物にたとえると何ですか。それはなぜですか。
2. その人を乗り物にたとえると何ですか。それはなぜですか。
3. その人を台所用品にたとえると何ですか。それはなぜですか。
4. その人を何かほかのもの（何でも）にたとえると何ですか。それはなぜですか。

手順3 〉 質問の答えをグループのなかで発表する

次に，順番に，グループの人に発表します。選んだ人物を示し，理由とともに発表します。例えば「この人は，乗り物にたとえるとスポーツカーです。なぜならば，行動的で，目立つことが好きそうだからです」と発表します。ほかの人は，聞きながら，自分の「感じ」を確かめてみましょう。

5. 比喩（ひゆ）のワーク

　全員が発表したら，各自，手順1で選んだのとは別の人物を1～4の何かにたとえます。ただし，どの人物を選んだかは言わないでおきます。順番に出題者になり，質問します。例えば「私はある人を泡立て器にたとえました。それはだれでしょう」と質問します。ほかの人は，どの人物だと思うか，イラストを指差します。全員が答え終わったら，出題者が，自分はどの人物をたとえていたかを，示します。1問ごとに，みんなで解答し，簡単にコメントし合いながら進みましょう。

手順4〉グループごとにたとえを発表する
　グループの全員が発表したら，代表者が，多くの人に共感を得られた人物とたとえの組み合わせを，全体に発表します。聞いている人は，自分の「感じ」を確かめながら聞いていきます。

手順5〉活動そのものをたとえてみる
　このワーク自体を，左ページの1～4のものにたとえてみましょう。5～10分程度グループで行ったあと，代表者が全体に発表します。その後，グループで，このワークで感じたこと，気づいたことを話し合いましょう。最後に，代表者が発表し，全体で分かち合いましょう。

✱ どんな意味があるの？

　何かを何かにたとえるとき，「う〜ん」と身体の内側に集中して考えたことでしょう。この「う〜ん」と考えているときに感じているのがフェルトセンスです。私たちは，何かを何かにたとえるとき，フェルトセンスを使って「からだの感じ」で考えています。「たとえ」を使うと，短い言葉に，その人（事）の，微妙で複雑な「感じ」を豊かに含み込む表現が可能になります。表現することで，新しい面に気づくことにもなります。ほかの人の表現を聞いて，「あぁ」と納得することもあるでしょう。その瞬間，「からだ」がすっとしたり，ふわっとしたりしませんか？　このような納得する感じは，フェルトセンスです。「何か違うなあ」と感じることもあるでしょう。それもフェルトセンスです。あなたのフェルトセンスが，イメージや言葉と応答しているのです。

人物イラスト 〉〉〉

6 花束のワーク

ねらい：「いまの私」を整理する
方　法：事柄に入り込まずに「全体」をとらえる

❋ どんなワーク？

　このワークでは「いまの私」を整理します。身体の内側に注意を向けながら，自分の内側にある事柄を引き出していきます。それぞれのフェルトセンス（からだの感じ）をゆっくり感じ，色やイメージと，言葉を使って「花束」の形に表現します。最後に「花束」にタイトルをつけます。タイトルをつけるのは「全体の感じ」を言葉で表現する練習になります。

❋ 手順は？

感じるワーク 〉〉〉

手順0〉準備
　白い紙とクレヨンまたは色鉛筆を用意します。このワークは1人で行います。グループで行うことができれば，メンバーと感じたことを分かち合うと，さらに効果的です。

手順1〉リラックスして感じる
　ゆったりとリラックスし，自分の身体の内側に注意を向けます（時間があれば「2. リラックスのワーク」を行います）。身体の内側に「何かを尋ねたら答えてくれそうな場所」を見つけましょう。そして「いま，どんな感じかな。気がかりなことは何かな。大事にしていることは何かな」と尋ねます。この順番でなくてもかまいません。むずかしく考えず「いま，どんな感じか」を自問します。

手順2〉鉛筆で○を書く（上半分に事柄，下半分に「感じ」を書く）
　感じられる事柄が1つ浮かぶごとに，紙の適当な位置に，適当な大きさの○を1つ，鉛筆で描きます。○の真ん中辺りに横線を引き，上半分にどんな事柄なのか，下半分にその事柄についてのフェルトセンス（からだの感じ）を書きましょう。
　事柄を細かく説明する必要はありません。ほかの人にわからなくても，あなた自身に「あのこと」とわかればよいのです。例えば「Aさんのこと」「昨日見たドラマのこと」「就職のこと」「△△の授業のレポートのこと」といった具合です。
　事柄についてのフェルトセンスは，そのことがどう感じられるか，身体の内側に問いかけながら書きます。事柄の内容に深く入り込まずに，その事柄全体を感じて，短い言葉で表現することが大切です。言葉は，1つの事柄につき数個書きます。浮かんでくる言葉は，一見，関係なさそうなも

6. 花束のワーク

のも，無視したり捨てたりせず書きとめます。オノマトペや比喩を使うのもよいでしょう。例えば「明かり，そわそわ，百面相，拡散，自由……」といった具合です。最後に「……」をつけます。これは「フェルトセンスを感じているとまだまだありそうだ」という意味です。フェルトセンスは，言葉にし尽くすことができないので，このようにしておきます。「ほかに何かないかなあ」と身体の内側に問いかけながら，事柄が浮かぶごとに，○を書き足します。位置，大きさは，そのつど感覚的に決めます。だいたい出尽くしたと感じたら，次に進みます。

手順3〉クレヨンで花びらと色をつける

それぞれの○にクレヨンで，花びらと色をつけます。花びらの形，色，中を塗るか塗らないかなど，まったく自由です。フェルトセンスに「どんなふうにしようかな」と問い合わせながら，思い込みにとらわれず，それぞれの事柄のフェルトセンスに合うよう，花びらと色をつけていきます。

手順4〉茎で結ぶ

花ができたら，すべての花に茎をつけ，茎を1か所で結びます。どの花も必ず，茎を伝って結び目に続くようにします。すべての花を結んだら，リボンなどを描き，結び目を確かめます。

手順5〉「花束全体」をフェルトセンスに照らし合わせタイトルをつける

最後に，「花束全体」を見て，タイトルをつけます。適当だと感じる位置にタイトルを書きます。そして，なぜそのタイトルにしたか，簡単な説明を鉛筆で書きます。これで出来上がりです。

手順6〉感じたこと分かち合う

グループで行った人は，近くの人と「花束」を見せ合い，感じたこと，気づいたことを話し合います。1人で行っている場合は，感じたこと，気づいたことを，メモしておきます。

❋ どんな意味があるの？

このワークでは，いま自分の中にある事柄の1つ1つに注意を向け，身体の内側の空間を整理しました。ゆっくりと注意を向けることによって，霧のように広がりもやもやと動いているフェルトセンスが集まってまとまり，ほどよい大きさにジェル化します（P.17参照）。気がかりなことがあるときは，そのフェルトセンスが大きく広がり，身体の内側で場所を占めすぎているときだといえます。事柄のフェルトセンスがまとまると，その事柄と落ち着いて向き合えるようになります。1つの事柄のフェルトセンスがまとまると，身体の内側の空間全体が整理されます。身体の内側の空間は，「1」たす「1」が「2」になるような部分の寄せ集めではなく，すべての事柄がすべての事柄と関係し合っているような空間だからです。

「しなければならないことがたくさんあるのに，何だかやる気になれない……」そんなときにこのワークを行うと，やるべきことがはっきりし，やる気が出ます。花の大きさや位置，色に，その事柄に対するフェルトセンスが表れてきます。すべての花を1つに結ぶことに，どれも大切な自分の一部であると受容する意味が含まれています。

このワークは，一日の振り返りに日記代わりに，また，新しいアイデアを出すときにブレインス

トーミングの代わりに使うことができます。電車のなかや，ちょっとした休憩時間に，紙と鉛筆だけで，「簡易版花束のワーク」を行うのもよいでしょう。このテキストでは，これから先，ワークで取り扱うテーマを決めるときに，このワークを使います。

初級編
＊微妙で複雑な感じを言葉にする＊

フェルトセンスは微妙で複雑なものです。
うまく言葉にできないものです。
どんなにがんばっても，
完全に言葉にすることはできません。

でも，フェルトセンスには言葉が必要です。
適切な言葉に出会うと，
フェルトセンスはいっそう豊かになります。
だれかにわかってもらうことができます。

初級編では，ありきたりの言い回しで表現しきれない
フェルトセンスの微妙で複雑なところを
独自の言葉にしていきましょう。

イメージで表現すると，
ほの暗いフェルトセンスの
あちらこちらに，
小さな明かりが灯ります。

小さな明かりが灯る

　あなたが「言いたいこと」は，あなたの独自の経験から生まれたものです。だから，自分が「言いたいこと」を，ありきたりの言葉ですませてしまってはいけません。常に「からだの感じ」に戻って，ていねいに言葉にしていきましょう。初級編のワークを通じて，「言いたいこと」の核心を独自の言葉で表現できるようになります。

7 コツのワーク

ねらい：自分のフェルトセンスに自信をもって言葉にする
方　法：動作を伴う「からだの感じ」のフェルトセンスに着目する

❋ どんなワーク？

　どんなことでも、それをうまくやれる人は、うまくいくコツを身体的に知っています。この「知っている感じ」が**フェルトセンス**です。コツには、言葉以前の身体感覚が含まれています。このワークでは、その微妙で複雑な「知っている感じ」を、言葉に展開していきます。言葉にすることで「知っている」内容がよりはっきりします。また、人に伝えることができます。

❋ 手順は？

感じ・考えるワーク　〉〉〉　　　　　　　　　　　　　　　　　　　　　◀ シート1 ▶ P.32

手順0〉準備

　ジェル化シート（コツ）をダウンロードします。または、白い紙に必要に応じて枠を作り、作成例にならって進めます。このワークは1人で行ったあと、グループで分かち合います。◀ シート1 ▶

手順1〉テーマを決める

　何か1つ、得意なことをあげます。ちょっとしたことでかまいません。「得意」とは人より優れていることではなく、「コツを知っている」という意味です。スポーツ、音楽、料理、掃除など何でもよいのですが、動作を伴うものにします。何のことかを書きます。◀ シート1 ▶ ①

　選んだことがうまくいっている瞬間のフェルトセンスを持っておくような気持ちでゆっくり十分に感じます。こうすることで、フェルトセンスがやわらかなゼリーのようにジェル化します。

手順2〉フェルトセンスの中心から言葉を引き出す

　得意なことのフェルトセンスを言葉で表現しましょう。フェルトセンスを感じながら、浮かんでくる言葉を書きとめます。言葉が出てこない場合は、得意なことのフェルトセンスに注意を向けながら、しばらく待ちます。出てくる言葉は、一見、関係なさそうなものも、無視したり捨てたりしないで、すべて書いておきます。たくさん書く必要はありません。最後に「……」をつけて次に進みます。フェルトセンスは言葉にし尽くすことができないので、このようにしておきます。
◀ シート1 ▶ ②

手順3〉フェルトセンスに照らし合わせてキーワードを選ぶ

　書きとめた言葉のなかでとくに大事な言葉2〜3個に下線を引きます。どの言葉にするかはフ

ェルトセンスに照らし合わせて決めます。下線を引いた語を**キーワード**と呼びます。 ◀ シート1 ②

手順4〉フェルトセンスを短い1つの文（マイセンテンス）にする

　もう一度，得意なことのフェルトセンスをよく感じます。フェルトセンスの中心を短い1つの文で表現してみましょう。なるべくぴったりの短い文を1つ作ります。語も文型も自由に作ってください。オノマトペや比喩（たとえ）を使うのもよい方法です。 ◀ シート1 ③

　うまく作れないときは，選んだキーワードを使って文を作り，「これでどうかな」とフェルトセンスに照らし合わせます。2〜3文作って，「どれがよいかな」と照らし合わせてもよいでしょう。フェルトセンスには応答する性質があるので，きっと反応が返ってきます。

　得意なことのフェルトセンスの中心が表現できましたか？　「まあまあ言えているな」と感じたら，その文は得意なことの「コツ」だということになります。この文を**マイセンテンス**と呼びます。マイセンテンスは，ほかの人には通じにくいような奇妙な文でかまいません。得意なことのフェルトセンスの大事なところが入っていればよいのです。

手順5〉詳しく説明する

　次に，得意なことがうまくいっている瞬間の様子を詳しく書きます。ここでは，状況も「感じ」も，具体的にいきいきと書きます（「いきいきと書くコツ」P.56参照）。 ◀ シート1 ④

分かち合うワーク 〉〉〉

手順1〉グループで発表し合う

　数人のグループをつくって，得意なことのコツを教え合います。「〜のコツは○○です」とマイセンテンスから始め，その後は自由に教えます。最後は「このように，〜のコツは○○です」とマイセンテンスで結びます。終わったら，このワークで感じたこと，気づいたことを話し合いましょう。

✻ どんな意味があるの？

　得意なことの「知っている感じ」に注意を向けると，そのフェルトセンスがジェル化して，はっきりと感じられるようになります（P.17参照）。このワークでは，それを言葉に展開しました。フェルトセンスは言葉になる前の身体感覚ですから，言葉にするのはむずかしいものです。「じゃあ言葉にしないほうがいいんじゃないか」「言葉にするとせっかくの微妙さが失われてしまうのではないか」という意見もあるかもしれません。しかし，言葉にすることで，フェルトセンスをよりはっきりと感じることができます。ぼんやりとほの暗いフェルトセンスに，ぽっと明かりが灯る感じです。また，フェルトセンスを言葉にすると，他人に伝えられます。だれにでも得意なことがあります。そのコツを広められれば，世の中が少し進歩するかもしれませんね。

ぽっと明かりが灯る

◀ シート1　ジェル化シート（コツ）　　　　　　　　　　　　　　　　　作成例1

①テーマ　※得意なことを1つ選び簡単にメモする
　倒立の静止

②浮かんでくる言葉　※得意なことがうまくいっているときのフェルトセンスを感じながら書く
　重い，肩に<u>はまる</u>，止まる，プレッシャー，しっかり，<u>押す</u>，地面，<u>つかむ</u>……
　　　　　　　　　　　　　　　　　　　　　　　　　　　　　　　　　※大事な言葉に下線を引く

③マイセンテンス　※得意なことがうまくいっているときのフェルトセンスを一文で書く
　指で地面をつかんで肩にはめる

④経験の描写　※得意なことがうまくいっているときの状況とフェルトセンスを書く
　肩にうまく手がはまる。はまらないときは歩行して，手で床を押して肩にはまるところを探す。落ちないようにしっかり地面を押す。押すというか，地面を手でしっかりつかんで肩にはめる。手で耳を隠すようにすると倒立がうまくはまりやすい。静止するには体をまっすぐ。歩行するには，脚を少し前に倒して，体をそらす感じにするとよい。

◀ シート1　ジェル化シート（コツ）　　　　　　　　　　　　　　　　　作成例2

①テーマ　※得意なことを1つ選び簡単にメモする
　お好み焼きを裏返す

②浮かんでくる言葉　※得意なことがうまくいっているときのフェルトセンスを感じながら書く
　プレッシャー，ドきんちょう，スカッとする，しっかり焼けるまで<u>待つ</u>，<u>さっとひっくり返す</u>……
　　　　　　　　　　　　　　　　　　　　　　　　　　　　　　　　　※大事な言葉に下線を引く

③マイセンテンス　※得意なことがうまくいっているときのフェルトセンスを一文で書く
　じっと待って，さっと返す

④経験の描写　※得意なことがうまくいっているときの状況とフェルトセンスを書く
　周りからのプレッシャーを感じながら，へらと生地の感触をみる。生地が柔らかかったり，へらが通らなかったりするときは，待つ。全部浮かせられると，OKのサイン。キャベツたちが「OK！くっついたよ！」って言う。へらを中心にもっていって，一瞬，浮かす。手元が崩れてきたら，大きいってこと。外側にへらをもっていってからひっくり返す。さっと，早くひっくり返す。

お好み焼をかえす
ひけつは……
「さあやるぞ！」　「じっと待って」　「さっとかえす！」

8. 共同詩のワーク

> **ねらい**：フェルトセンスの，ひとことで言い切れない複雑さを言葉にする
> **方　法**：「～であって，それだけではない」の文型を使う

✱ どんなワーク？

　このワークは3つのワークが組み合わさっています。それぞれ独立して行うこともできます。
　最初に「私は～さんが好きです」のワークを行います。このワークでフェルトセンスをつかみます。2番目のワークではフェルトセンスの微妙さ複雑さに迫り，マイセンテンスを作ります。3番目のワークで，メンバーのマイセンテンスをグループで分かち合います。分かち合いの方法はいろいろありますが，ここでは「共同詩」にまとめます。

✱ 最初のワーク

共に体験するワーク 〉〉〉

手順0〉準備
　最初のワークは，グループで行います。3～6人のグループをつくってください。全員が1回ずつ「ほめられ役」を体験し，そのほかのときは「ほめ役」になります。

手順1〉「私は〇〇さんが好きです」と順番にほめる
　「ほめられ役」（Aさんとします）の左隣の人（ほめ役）から時計回りで，「私はAさんが好きです。なぜならば～だからです」と言っていきます。必ずこの文型にあてはめ，一文で終わります。Aさんの印象や性格，行動などを，Aさんの目を見ながらほめていきます。前に発言した人と同じにならないようにします。例えば5人グループの場合，全員が4人の「ほめ役」から，4つの観点の4つの文でほめられることになります。
　「ほめられ役」は反論しないで聞きます。「ほめられているとき」の「からだの感じ」のフェルトセンスを，持っておくような気持ちでよく感じておきます。

手順2〉ほめられた感覚を感じ直す
　全員が「ほめられ役」を体験したら，少し時間をとって，自分が「ほめられていたとき」のフェルトセンスを，そこに戻るような気持ちで，もう一度よく感じ直します。

✳ 2番目のワーク

感じ・考えるワーク 〉〉〉　　　　　　　　　　　　　　　　◀ シート2 ▶ P.38

手順0〉準備

　あらかじめ，マイセンテンスシート「それだけではない」をダウンロードしておきます。または，白い紙に必要に応じて枠を作り，作成例にならって進めます。このワークは1人で行います。◀ シート2 ▶

手順1〉フェルトセンスの中心から言葉を引き出す

　「ほめられ役」のときのフェルトセンスを感じ直し，フェルトセンスを言葉で表現します。浮かんでくる言葉をシート2①に書きます。言葉が出てこない場合は，フェルトセンスに注意を向けながら，しばらく待ちます。出てくる言葉は，一見，関係なさそうなものも，無視したり捨てたりしないで，すべて書きとめます。たくさん書く必要はありません。大ざっぱに，フェルトセンスの大事なところに印をつけておくような気持ちで行います。7～8個書いたら「……」をつけて，次に進みます。とくに大事な言葉に下線を引いておきます。どの言葉にするかは，フェルトセンスに照らし合わせて決めます。◀ シート2 ▶ ①

手順2〉フェルトセンスに照らし合わせてキーワード1を選ぶ

　「ほめられ役」のときのフェルトセンスを感じながら，シート2②「『この感じ』は（　　　）である」の空所にあてはまる言葉を，フェルトセンスから引き出すような気持ちで待ち，出てきた言葉をシート2④に書きます。これまで使った言葉でも新しい言葉でもかまいません。この言葉を**キーワード1**と呼びます。◀ シート2 ▶ ④

手順3〉キーワードの通常の意味を書く

　キーワード1はふつう，どんな意味で使いますか？ キーワード1の通常の意味を，シート2⑤に書きます。辞書を引いてもよいでしょう。キーワード1の通常の意味は，「ほめられ役」のときのフェルトセンスにぴったりでしょうか。フェルトセンスは微妙で複雑なので，ぴったりではないはずです。「ぴったりではない感じ」を感じてください。◀ シート2 ▶ ⑤

手順4〉キーワード1のフェルトセンス独自の意味を引き出す

　「ほめられ役」のときのフェルトセンスが，キーワード1で表現されたがっている，独自の，辞書にない意味は何でしょうか。フェルトセンスに問い合わせ，引き出すような気持ちで待ちます。出てきた言葉をシート2⑥に書きます。オノマトペや比喩（たとえ）を使うのもよいでしょう。常識や通常の意味にとらわれず，フェルトセンスの微妙で複雑なところにこだわって，出てくる言葉は，すべて書きとめます。最後に「……」をつけて次に進みます。フェルトセンスは言葉にし尽くすことができないので，このようにしておきます。書けたら，とくに大事な言葉を1,2個選んで波線を引きます。どの言葉にするかはフェルトセンスに照らし合わせて決めます。◀ シート2 ▶ ⑥

手順5〉「それだけではないところ」を言葉にする

　シート2③「『この感じ』は（　　　）であって，それだけではない」の空所にキーワード1を入れ，フェルトセンスを感じます。「ほめられ役」のときのフェルトセンスを感じながら，「それだ

けではないところはどんなふうに言えるかな」とフェルトセンスに問い合わせ，引き出すような気持ちで待ちます。出てきた言葉をシート２⑦に書きます。この言葉を**キーワード２**と呼びます。 ◀ シート２ ⑦

　キーワード２についてもキーワード１と同様に行い，通常の意味とフェルトセンスが表現されたがっている独自の意味を，シート２⑧⑨に書きます。とくに大事な言葉に波線を引きます。 ◀ シート２ ⑧⑨

〜だけではない

手順６〉さらに「それだけではないところ」を言葉にする

　さらに，シート２③の文「『この感じ』は（　　　）であって，それだけではない」の空所にキーワード２を入れて，「それだけではないところはどんなふうに言えるかな」とフェルトセンスに問い合わせ，引き出すような気持ちで待ちます。出てきた言葉をシート２⑩に書きます。この言葉を**キーワード３**と呼びます。 ◀ シート２ ⑩

　キーワード３についてもキーワード１と同様に行い，通常の意味とフェルトセンスが表現されたがっている独自の意味を，シート２⑪⑫に書き，大事な言葉に波線を引きます。 ◀ シート２ ⑪⑫

手順７〉全体を見渡す文を作る

　これまでの作業全体を見渡します。キーワード１，２，３と波線を引いた言葉を，シート２⑬の空所に，コンマで区切って並べて書きます。最後に「……」をつけます。フェルトセンスは言葉にし尽くすことができないので，このようにしておきます。奇妙な文ができましたね。この文を**拡張文**と呼びます。 ◀ シート２ ⑬

手順８〉フェルトセンスを短い１つの文（マイセンテンス）にする

　拡張文を見ると，いままでの作業全体を振り返ることができます。シート２⑬の拡張文を見ながら，「ほめられ役」のときのフェルトセンスを，もう一度，よく感じます。その「感じ」を，１つの短い文，または長めの句で表現します。語も文型も自由に作ります。他人にわかることより，フェルトセンスに合うことを優先します。いままで使った言葉を使っても使わなくてもかまいません。シート２⑭に書きます。この文（句）を**マイセンテンス**と呼びます。 ◀ シート２ ⑭

手順９〉マイセンテンスを補足説明する

　マイセンテンスの意味がほかの人にもわかるよう，シート２⑮に簡単な補足説明を書きます。 ◀ シート２ ⑮

補足 〉〉〉

　手順２〜６は，順序を変えて行ってもかまいません。例えば，④→⑤→⑦→⑧→⑩→⑪とキーワードと通常の意味を書き出してから，⑥→⑨→⑫とフェルトセンス独自の意味を書いてもよいのです。また，キーワードを３つ出しましたが，簡単に行いたいときは，１つだけで手順７に進んでもかまいません。逆に，４つ，５つ，とキーワードを増やすこともできます。

✱ 3番目のワーク

分かち合うワーク 〉〉〉

　このワークはグループで行います。最初のワークと同じグループで行うとよいでしょう。クレヨンか色鉛筆を用意しておきます。

手順1 〉 大きめの短冊型の紙に書く

　2番目のワークで作ったマイセンテンスを，大きめの短冊型の紙に書きます。クレヨンや色鉛筆を使って書くとよいでしょう。

手順2 〉 自分のマイセンテンスを読み，簡単に説明する

　1人1人順番に，グループメンバーに短冊を見せながら，自分のマイセンテンスを読み上げ，簡単に意味を説明します。聞いている人は，その人のフェルトセンスを感じる気持ちで聞きます。

手順3 〉 全員のマイセンテンスを並べて共同詩にし，タイトルをつける

　一緒に体験したワークから作ったマイセンテンスなので，感じていたフェルトセンスにも何らかの関係があるはずです。それをつなげて**共同詩**にしましょう。グループ全員のマイセンテンスを並べ，どんな順番にすればよいかを話し合います。マイセンテンスを多少変形してもかまいませんが，その場合は，作った人の許可を得ます。できたら，共同詩にタイトルをつけます。このワークで感じたこと，気づいたことをグループで話し合いましょう。

手順4 〉 全体に発表する

　いくつもグループがある場合は，各グループの作った共同詩を，全体に発表し合います。広い場所に並べておいて，歩いて見て回ってもよいでしょう。最後に，このワークで感じたこと，気づいたことを，全体で話し合います。

✱ どんな意味があるの？

　フェルトセンスは，言葉にするのがむずかしい，微妙で複雑なものです。だから，それを言葉にしようとすると，通常使われるような一般的な意味にはおさまりきれません。「〜である」といえるいっぽうで，「〜である」と言い切ってしまうと何か足りないのです。「からだ」が知っていることは，言葉よりも広くて深いのです。

8. 共同詩のワーク

　このワークでは、「通常の意味」を手がかりにすることで、それにおさまりきらないところに注意を向け、そのなかへと分け入っていきました。フェルトセンスは、刺激を受ける（与える）と応答する性質があるので、そのようなことが可能なのです。たとえ、やってきた言葉がぴったりでなくても、「それだけではないよ」と返してきます。だから、フェルトセンスを言葉にすることをためらう必要はありません。とりあえず言葉にしてみることで、さらなる表現が開けてきます。まだ言葉になっていなかったところが言葉になり、フェルトセンス自身が、より豊かになるのです。

　また、このワークでは、同じ体験をした人のマイセンテンスを聞き合いました。「わかるなあ」「そうかなあ」など、いろいろな「感じ」が出てきたことでしょう。その過程でも、外から来た言葉とあなたのフェルトセンスが応答しています。共同詩がうまくつながると、フェルトセンスを分かち合えたうれしさが自然に出てくることでしょう。いっぽうで「うまくつながらない感じ」が残った人もいることでしょう。それは「もっとしっかりつながりたい」という欲求の裏返しでもあります。フェルトセンスを完全に伝えることは不可能です。一抹の不全感（完全ではない感じ）を抱えながら、でも、あきらめずに、よりしっかり伝え合うことにこだわっていきたいものです。「つながれるうれしさ」と「つながり切れないもどかしさ」の両方を感じてもらいたいワークです。

★ おすすめの最初のワーク

　共に体験するワークとして、体を動かすワークを行うのもよい方法です。2つ紹介します。

トラストウォーク

　2人1組になり、無言で行います。始める前に、「誘導される人」が「誘導する人」に、どのように誘導してほしいか注文を出しておきます。「誘導される人」は目をつむり、もう1人がその人を誘導しながら、部屋の中を自由に歩き回ります。3分たったら、役割を交代します。「誘導されているときのフェルトセンス」をマイセンテンスにし、数人でつなげて共同詩にしましょう。

参考文献『構成的グループエンカウンター辞典』(2004) 國分康孝・國分久子監修　図書文化

ストローダンス

　2人1組になり、無言で行います。ストローを1本用意します。互いの利き手の人差し指の腹でストローの両端を支えます。ストローを落とさないように気をつけ、ストローを上下左右に動かしながら、部屋の中を歩き回ります。しばらくしたら、ストローをはずして、ストローがあるつもりで、2人で自由に動きます。「ワークを行っているときのからだ全体の感じ」をマイセンテンスにし、数人でつなげて共同詩にしましょう。

笹本重子氏（日本女子体育大学教授）考案の「からだ気づき」のワーク

シート2　マイセンテンスシート「それだけではない」　（作成例）

①浮かんでくる言葉　※「ほめられ役」のときのフェルトセンスを感じながら書く 　笑顔，<u>楽しい</u>，青空，太陽，明るい，<u>うきうき</u>，にっこり……　　　　　※大事な言葉に下線を引く
②仮マイセンテンス　※空所にあてはまる言葉をフェルトセンスから引き出し，キーワード1とする 　「この感じ」は（　　　　）である
③空所のある文 　「この感じ」は（　　　　）であって，それだけではない 　※「それだけではないところ」を表現する言葉をフェルトセンスから引き出し，キーワード2,3とする
※キーワードの通常の意味と，フェルトセンス独自の意味を書く

④キーワード1 　楽しい	⑦キーワード2 　うきうき	⑩キーワード3 　笑顔
⑤通常の意味 　満足で愉快である	⑧通常の意味 　落ちつかないさま，心が弾むさま	⑪通常の意味 　笑みを含んだ顔
⑥フェルトセンス独自の意味 　体の中心が弾む……	⑨フェルトセンス独自の意味 　自然と笑える……	⑫フェルトセンス独自の意味 　自分もみんなも丸くなる……

※大事な言葉に波線を引く

⑬拡張文　　　　　　　　　　　　　※空所に，すべてのキーワードと波線を引いた言葉を並べる 　「この感じ」は（楽しい，うきうき，笑顔，弾む，自然と笑える，丸くなる……）であって，それだけではない
⑭マイセンテンス　※「ほめられ役」のフェルトセンスを短い1つの文にする。語も文型も自由に作る 　空からうきうきが聞こえる。
⑮マイセンテンスの補足説明　※ほかの人にもわかるように書く 　体の中心が弾み，自然と笑える感じで，自分もみんなも丸くなる感じ

共同詩　※4人組でマイセンテンスをつなげ，タイトルをつけました　（作成例）

　　　花畑の告白

　空からうきうきが聞こえる
　ふんわりポカポカ
　うれしくてぽぽよ〜
　照る照る自分

8. 共同詩のワーク

しらんかお

きものを着たときのかんじ

どうしたらいいのかしら

あながあったら入りたい

うたがへたい

はずかしい

うれしい

すきですと言われているときのきもち

9 励ます言葉のワーク

ねらい：フェルトセンスの矛盾を含む豊かさを言葉にする
方　法：「～であって～でない」の文型を使う

❋ どんなワーク？

　このワークでは，自分の内側の，少しネガティブ（否定的）な部分に注意を向けます。だれでも，いま自分は何をやりたいのか，自分はどこへ行こうとしているのかといった漠然とした不安があるものです。もっと具体的な問題を抱えている人もいるでしょう。自分のネガティブな部分と向き合うことは，勇気がいることです。無理をする必要はありませんが，ここではちょっと，ネガティブな部分のフェルトセンスを感じてみましょう。フェルトセンスは微妙で複雑なものですから，一見，ネガティブだと感じるもののなかに，ポジティブなものが含まれています。「～であって～でない」の文型を使って，ネガティブなものの陰に隠れているポジティブなものを開いていきます。

　このワークは，「6. 花束のワーク」（P.26 参照）に続けて行うと効果的です。少しネガティブなフェルトセンスのある「花」をテーマにするとよいでしょう。

❋ 手順は？

感じ・考えるワーク 〉〉〉　　　　　　　　　　　◀ シート3 ▶ P.45

手順 0 〉 準備と約束

　マイセンテンスシート「～であって～でない」をダウンロードします。または，白い紙に必要に応じて枠を作り，作成例にならって進めます。◀ シート3 ▶

　ペアで行う手順を示しますが，1人でもできます。ペアで行う場合，主役は話し手です。1人で行う場合は，「聞き手」からの質問を，自分で自分に質問する形に変えて行います。

　話し手は自分の「からだの感じ」にていねいに問いかけ，フェルトセンスを感じます。聞き手は，話し手のフェルトセンスを一緒に感じるような気持ちで，せかさず，ゆったりと寄り添います。

　話し手の「気がかりなこと」をテーマにしますが，聞き手がその内容を理解している必要はありません。内容ではなく，話し手の，その事柄に対するフェルトセンスを扱っていくからです。また，聞き手は，話し手のフェルトセンスに完全に共感している必要もありません。話し手が自分のフェルトセンスを感じやすいように援助すればよいのです。

9. 励ます言葉のワーク

手順1〉テーマを決める

「花束のワーク」に続けて行う場合は，話し手は，自分の「花束」を見ながらテーマを決めます。「花束のワーク」を行わない場合は，話し手はゆったりとリラックスして，自分の内側に問いかけ，テーマを選びます。

手順2〉「気がかりなこと」を選んでフェルトセンスを感じる

聞き手は話し手に，次のように言います。「ゆったりとリラックスして，自分の内側に注意を向けてください（しばらく待つ）。テーマとして扱う『気がかりなこと』を1つ選んでください。選んだ事柄のフェルトセンスを十分に感じてください（しばらく待つ）。あとでいつでも戻ってこられるように『この感じ』として持っていてください」。

話し手は，「この感じ」としてフェルトセンスが感じられたら，合図をします。

手順3〉何についての感じかを言う

合図があったら，聞き手は話し手に「何についての感じですか，簡単に言ってください」と尋ねて，しばらく待ちます。話し手は，「Aさんのこと」など，聞き手に具体的な内容がわからなくてもよいので，簡単に言います。聞き手は，シート3①に書きとめます。 ◀ シート3 ①

手順4〉フェルトセンスの中心から言葉を引き出す

聞き手は話し手に，「選んだ『気がかりなこと』のフェルトセンスを感じながら，浮かんでくる言葉を言ってください。言葉が出てこない場合は，フェルトセンスに注意を向けながら，しばらく待っていてください。出てくる言葉は，一見，関係なさそうなものも，無視したり捨てたりしないで，すべて言ってください」と尋ねて，しばらく待ちます。話し手は，言葉が浮かんできたら言います。聞き手は，話し手が言葉を言うたびに1つ1つその「感じ」を感じようと努めながらゆっくり繰り返し，シート3②に書きとめます。 ◀ シート3 ②

手順5〉とくに大事な言葉を選ぶ

言葉が7〜8個出てきたら，聞き手は話し手に，「このなかでとくに大事な言葉はどれですか」と尋ねます。話し手は，「とくに大事な言葉」をフェルトセンスに照らし合わせて決めます。聞き手は，話し手が答えた言葉に下線を引きます。 ◀ シート3 ②

手順6〉フェルトセンスに照らし合わせてキーワード1を選ぶ

聞き手は話し手に，シート3③の文「『この感じ』は（　　　）である」を見せながら，「あなたの『気がかりなこと』のフェルトセンスを感じながら，かっこにあてはまる言葉を，フェルトセンスから引き出すような気持ちで待ってください。これまで使った言葉でも新しい言葉でもかまいません」と言います。話し手は，テーマにしている「気がかりなこと」のフェルトセンスを感じな

がら，答えます。ここで話し手が答えた言葉を，**キーワード1**と呼びます。聞き手は，シート3⑤に書きとめます。 ◀ シート3 ⑤

手順7〉矛盾を含んでいることを確かめる

聞き手は話し手に「○○という言葉は，普通は，××という意味で使いますね」と，キーワード1の通常の意味を言います。辞書を引いて主要部分を読み上げるのもよい方法です。話し手は，「気がかりなこと」のフェルトセンスに照らし合わせながら聞きます。

聞き手は話し手に，「この通常の意味は，あなたの「気がかりなこと」のフェルトセンスにぴったりでしょうか。きっと，ぴったりではありませんね。では，こんなふうに言えるでしょうか」と言って，シート3④の文「『この感じ』は（　　　）であって（　　　）でない」の2か所の空所にキーワード1を入れた文を，「『この感じ』は，（キーワード1）であって（キーワード1）でない」と，ゆっくり読み上げます。 ◀ シート3 ④

手順8〉キーワード1「でないところ」を言葉にする

聞き手は話し手に「あなたの『気がかりなこと』のフェルトセンスの，キーワード1『でないところ』は，どのように表現できるでしょうか。浮かんでくる言葉を1つ言ってください」と言います。話し手は，「気がかりなこと」のフェルトセンスを感じながら答えます。ここで話し手が答えた言葉を**キーワード2**と呼びます。聞き手は，シート3⑥に書きとめます。 ◀ シート3 ⑥

キーワード2についても，キーワード1と同様に行います。フェルトセンスから別の言葉を引き出し，**キーワード3**とします。聞き手はシート3⑦に書きとめます。 ◀ シート3 ⑦

キーワード3についても，キーワード1，2と同様に行います。キーワード1，2，3は話し手のテーマにしている「気がかりなこと」のフェルトセンスをいくらか表現しているでしょうが，ぴったりではないはずです。フェルトセンスは，言葉にすることがむずかしいのです。話し手は「ぴったりではない感じ」を感じてください。

手順9〉キーワードに意味させたいフェルトセンス独自の意味を書く

話し手がテーマにしている「気がかりなこと」のフェルトセンスは，キーワード1，2，3で，何を表現されたがっているのでしょうか。次に，その言葉の通常の意味では表現し尽くせない，フェルトセンス独自の微妙で複雑なところに注意を向けていきます。

聞き手は話し手に「あなたの『気がかりなこと』のフェルトセンスが，キーワード1で表現されたがっている独自の，辞書にない意味は何でしょうか。フェルトセンスに問い合わせ，引き出すような気持ちで待ってください。出てきた言葉を言ってください」と言って，しばらく待ちます。話し手は，「気がかりなこと」のフェルトセンスを感じながら，言葉が浮かんできたら言います。オノマトペや比喩（たとえ）を使ってもよいでしょう。常識や通常の意味にとらわれず，フェルトセンスの微妙で複雑なところにこだわって，出てくる言葉はすべて言います。聞き手は，話し手が

9. 励ます言葉のワーク

言葉を言うたびに，1つ1つゆっくり繰り返して言いながら，シート3⑧に，コンマで区切って並べます。聞き手は話し手に「このなかでとくに大事な言葉はどれですか。1, 2個選んでください」と尋ねます。話し手は，フェルトセンスに照らし合わせて決めます。聞き手は，話し手が選んだ言葉に，波線を引きます。 ◀ シート3 ⑧

　キーワード2，キーワード3も，同様に行います。シート3⑨⑩に書きます。 ◀ シート3 ⑨⑩

手順10 〉全体を見渡す文を作る

　聞き手は，キーワード1，2，3と波線を引いたすべての言葉を，シート3⑪の文「『この感じ』は（　　　）であって，そうでない」の空所に，コンマで区切って並べて書きます。最後に「……」をつけます。フェルトセンスは言葉にし尽くすことができないので，このようにしておきます。この文を**拡張文**と呼びます。 ◀ シート3 ⑪

手順11 〉フェルトセンスを短い1つの文（マイセンテンス）にする

　聞き手は話し手に，シート3⑪の拡張文を見せながら「あなたの『気がかりなこと』の，いまのフェルトセンスを，よく感じてください。そしてその感じを，短い1つの文，または長めの句で表現してください。ここでは語も文型も自由に作ってください。他人にわかることより，フェルトセンスに合うことを優先して作ってください。いままで使った言葉を使っても使わなくてもかまいません」と言います。話し手は，テーマにしている「気がかりなこと」のフェルトセンスを感じながら，答えます。オノマトペや比喩（たとえ）を使ってもよいでしょう。聞き手は話し手の言った文を，シート3⑫に書きとめます。この文（句）を**マイセンテンス**と呼びます。 ◀ シート3 ⑫

　この段階はむずかしいので，時間をかけて行います。なかなか文ができないときは，聞き手が拡張文のなかの言葉を使っていくつか作ってみて，話し手に「どれがあなたのフェルトセンスに一番近いと感じますか？」と尋ねてもよいでしょう。話し手は，フェルトセンスに照らし合わせて決めます。

手順12 〉マイセンテンスがフェルトセンスに合っているかを確かめる

　マイセンテンスができたら，聞き手は，それをゆっくり読み上げ，話し手に「この文は，あなたの『気がかりなこと』のフェルトセンスを言い得ていますか？」と尋ねます。話し手は，もう一度「気がかりなこと」のフェルトセンスを感じてみます。言い得ていない場合は，文を作り直します。だいたい言い得ていると感じる文ができたら，このワークは終了です。

　最後に，聞き手は「マイセンテンスの意味がほかの人にもわかるように，簡単に補足説明をしてください」と言います。話し手は，簡潔に説明します。聞き手はシート3⑬に書きとめます。 ◀ シート3 ⑬

補足 〉〉〉

　手順6〜9は，順序を変えて行ってもかまいません。例えば，⑤→⑧→⑥→⑨→⑦→⑩とキーワードごとに行ってもよいでしょう。また，キーワードは3つ出しましたが，簡単に行うときは，1つだけで進んでもかまいませんし，4つ，5つ，と増やしてもかまいません。フェルトセンスは言葉にし尽くされることはありませんから，無限に繰り返すことができます。

✳ どんな意味があるの？

　フェルトセンスは，言葉にするのがむずかしい微妙で複雑なものです。「〜である」といえるいっぽうで，「〜でない」ともいえる矛盾を含んでいます。このワークでは，「〜であって〜でない」の文型を使って，矛盾を含む部分に注意を向け，フェルトセンスの応答を頼りに，そのなかへと進んでいきました。

　フェルトセンスを言葉にするのはむずかしいのですが，言葉の刺激に「そうではない」と応答することは得意なようです。このワークでは，その性質を活用して，フェルトセンスのネガティブな部分に注目することをきっかけにして，ポジティブな部分を開いてほしいと思います。それは，単純に反意語（対義語）をあてはめることではありません。フェルトセンスの微妙で複雑なところに注意を向けてください。いままで隠れていた部分に，明かりを灯していく感じです。

　聞き手が話し手の言葉を繰り返して言うことを**伝え返し**と言います。「4. オノマトペのワーク」（P.22参照）でもやりましたね。伝え返しには，話し手が一方向にばかり進んでしまうのをとどめ，「全体を感じること」を促す効果もあります。全体を感じると，進むことのできるいろいろな方向が開けてきます。1人で行うときは，自分の声をよく聞いてください。多くの言葉を発することよりも，「全体を感じる」ことを大切にします。

　「言葉は人をつくる」と言うと，奇妙に聞こえるかもしれません。でも，あなたも，だれかの言葉に傷つけられたり，励まされたりしたことがあるでしょう。短いひとことが，一日を楽しくしたり，ときには一生を方向づけたりするのです。自分の「からだの感じ」から作った言葉は，自分を力強く励ましてくれます。ペアで行うと，相手が言葉を作るのを手伝う過程で，その人を励ますことができます。このワークを通じて，言葉の力を感じてもらいたいと思います。

9. 励ます言葉のワーク

シート3　マイセンテンスシート「～であって～でない」　(作成例)

①テーマ　※気がかりなことを1つ選び、フェルトセンスを感じる。下に事柄をメモする
自分を大事にしていこうという感じと、もうちょっとありそうで見つけきれないという感じはつながっている、そこのところの感じ

②浮かんでくる言葉　※「気がかりなこと」のフェルトセンスを感じながら書く
春、ピンク色、明るい、<u>これから出てくるもの</u>、違うものも入ってくる、袋に入っている、白い布の袋、ひもでくくられている、半分開いている、出たり入ったり、持っててよかった、<u>空っぽにしたいもの</u>、と、この袋……　　　　　　　　　　　　　　　　　　　　　　　　　　　　　※大事な言葉に下線を引く

③仮マイセンテンス　※空所にあてはまる言葉をフェルトセンスから引き出し、キーワード1とする
「この感じ」は（　　　　）である

④空所のある文　※「気がかりなこと」のフェルトセンスを感じながらキーワードをあてはめる
「この感じ」は（　　　　）であって（　　　　）でない 　　　　※「でないところ」を表現する言葉をフェルトセンスから引き出し、キーワード2、3とする

※キーワードのフェルトセンス独自の意味を書く

⑤キーワード1	⑥キーワード2	⑦キーワード3
空っぽにする	袋	白いつやつやした箱
⑧フェルトセンス独自の意味	⑨フェルトセンス独自の意味	⑩フェルトセンス独自の意味
楽になる、<u>大丈夫</u>、次に進める、春、すぐ外にあるから<u>また拾える</u>、帰ってきたり入ってきたりする、新しいもの、いまは空にしたい、自信がない、不安、勇気がもてない、できそう、どうやっていいのか、思い切る、割り切る……	自分を大事にすることとつながっている、袋、ぼろぼろになっていてくたくた、新しい袋に変えてあげたい、<u>自分のペースに合わせて出し入れしてあげたい</u>、<u>勝手に</u>ボールが入ってくる、強い、痛い、がんばろう、傷を治して……どんどん……	中身がぎゅっとつまっている、重量感、重い、形がある、丸くはない、四角が入っていたのか、この箱はちょっと描いておきたい、<u>出しっぱなしにしておきたい</u>、<u>目に見えるところに置いておきたい</u>、ほかの人が見たらただの四角……

※大事な言葉に波線を引く

⑪拡張文　※空所に、すべてのキーワードと波線を引いた言葉を並べる
「この感じ」は（空っぽにする、袋、白いつやつやした箱、大丈夫、また拾える、自分のペース、勝手に、出しっぱなしにしておきたい、見えるところに置いておきたい……）であって、そうでない

⑫マイセンテンス　※「気がかりなこと」のフェルトセンスを短い1つの文にする。語も文型も自由に作る
私は箱を持っている、キラキラ光る白い箱。

⑬マイセンテンスの補足説明　※ほかの人にもわかるように書く
いろんな色が混じりすぎて周りが見えない闇の中でもいつも白くキラキラと光を放っている部分（箱）を、私は持っている。消えてなくなってしまわないように、大事に守っていきたい。

START

聞：からだの内側に注意を向けてみて……
　　ワークで扱うことを選んでほしいん
　　だけど……
話：どれにしようかな……

メモ 「○○のこと」と簡単に
書きとめておきましょう。

聞：「この感じ」を感じながら浮かんでくる
　　言葉を言ってみて？……
話：う～ん……「ズキズキ……」

メモ 聞き手は話し手の言葉を
ゆっくり繰り返します。
これが「伝え返し」です。

聞：○○○はふつう～という意味だよね。
話：……ちょっと違うよなぁ。

メモ 聞き手はキーワード1の一般的な
意味を言います。辞書を
引いてもよいでしょう。

○○○かなぁ

話し手はフェルトセンスに問い
合わせます。聞き手は話し手の
言葉を書きとめます。これが
キーワード1となります。

いくつか
言葉が出たら
次に進む

「この感じは
□である」

そうだなぁ

聞：じゃあこんなふうに言える？
　　『「この感じ」は□である』。
　　□にあてはまる言葉を
　　言ってみて……

9. 励ます言葉のワーク

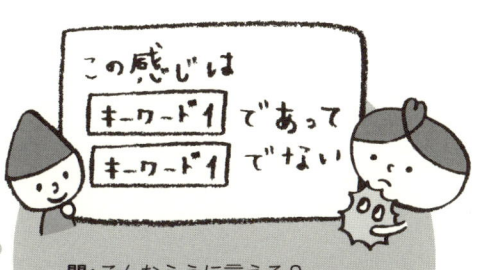

聞: こんなふうに言える?
「この感じは(キーワード1)であって(キーワード1)でない」
話: たしかに……でも……それだけじゃないなぁ……

次ページへ続く

聞き手は話し手から出てきた言葉をゆっくり繰り返しながら書きとめます。話し手に大事な言葉を選んでもらい,波線を引きます。キーワード2,3も同じようにします。

聞: じゃあほかにどんなふうに言えるかなぁ。言葉を1つ言ってみて?

メモ ここで出た言葉がキーワード2となります。書きとめておきましょう。

キーワード2もキーワード1と同じように行います。続いて出てきた言葉をキーワード3として,また同じようにします。
話: まだぴったりじゃないんだよなぁ。
聞: フェルトセンスは言葉にするのがむずかしいんだよ。ゆっくりいこう。

聞:「この感じ」はキーワード1で何を言いたがっているんだろう?出てくる言葉を言ってみて?

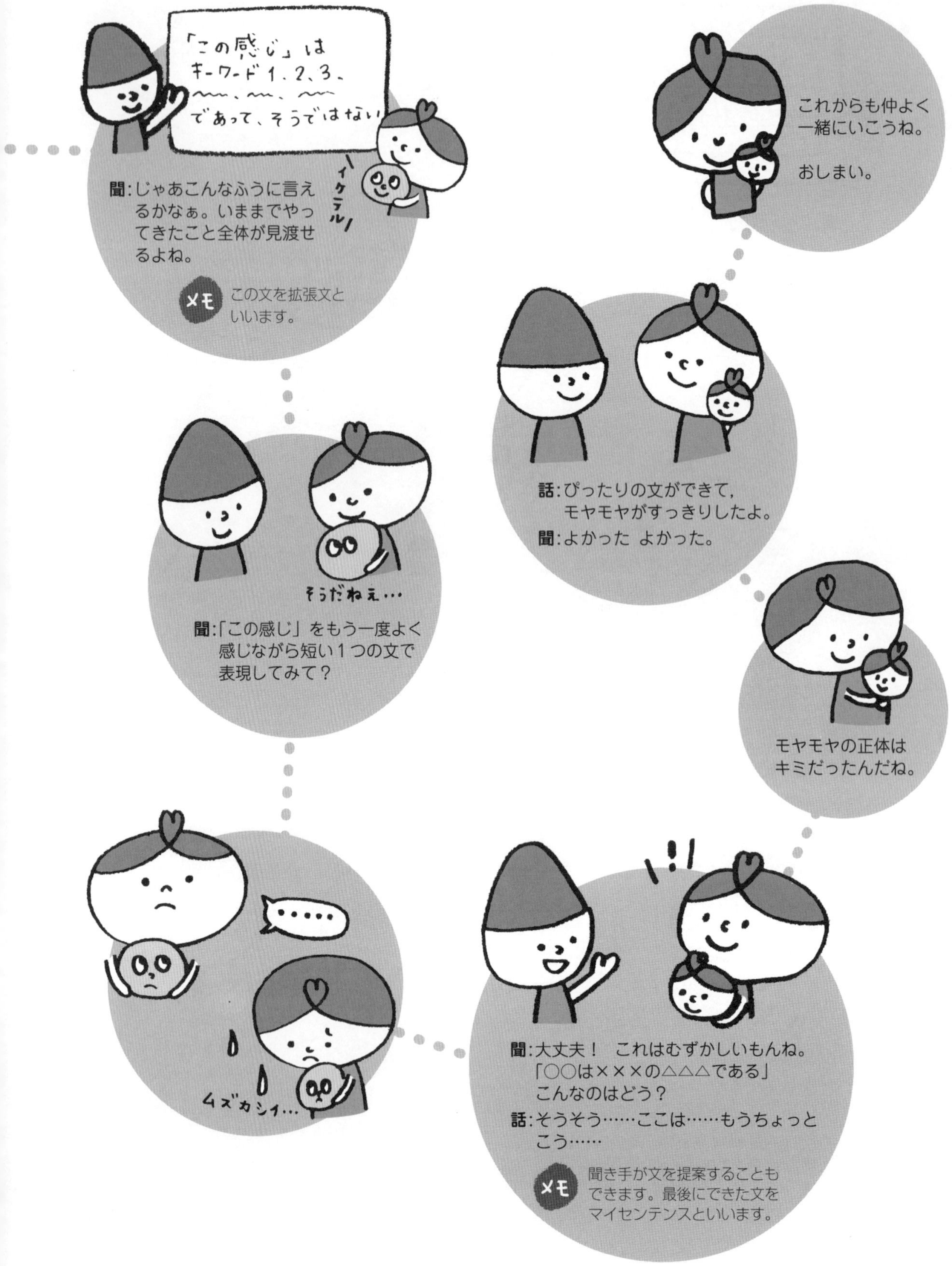

「この感じ」は
キーワード1、2、3、
であって、そうではない

イケテル！

聞：じゃあこんなふうに言えるかなぁ。いままでやってきたこと全体が見渡せるよね。

メモ この文を拡張文といいます。

これからも仲よく一緒にいこうね。

おしまい。

話：ぴったりの文ができて、モヤモヤがすっきりしたよ。
聞：よかった よかった。

そうだねぇ…

聞：「この感じ」をもう一度よく感じながら短い1つの文で表現してみて？

モヤモヤの正体はキミだったんだね。

……

ムズカシイ…

聞：大丈夫！ これはむずかしいもんね。
「○○は×××の△△△である」
こんなのはどう？
話：そうそう……ここは……もうちょっとこう……

メモ 聞き手が文を提案することもできます。最後にできた文をマイセンテンスといいます。

10 マイセンテンスを詩にしよう

> ねらい：フェルトセンスの独自性を詩にする
> 方　法：マイセンテンスをもとに詩を作る

✳ どんなワーク？

　忙しい日常のなかでは，ありきたりの言葉や言い回しで，自分を表現してしまいがちです。そんななかでも「からだ」はたくさんのことを感じています。ここでは，学んだことを復習しながら，フェルトセンスの，通常の意味におさまりきらない微妙で複雑なところを詩にしてみましょう。

✳ 手順は？

感じ・考えるワーク 〉〉〉　　　　　　　　　　　　　　　　　　　　　　◀ シート4 ▶ P.52,54

手順0〉準備

　マイセンテンスシート（詩）をダウンロードします。または，白い紙に必要に応じて枠を作り，作成例にならって進めます。このワークは1人で行います。◀ シート4 ▶

手順1〉テーマを決める

　ゆったりとリラックスして，自分の内側に注意を向けます。小さなことでよいので，あなたの心を深くとらえたことやときを思い起こしましょう。そのなかから詩のテーマを選びます。どんなことでもかまいませんが，そのこと，あるいは，そのときの「からだの感じ」のフェルトセンスがくっきりしているものにします。まだ言葉にならなくてよいので，「この感じ」として持っておくような気持ちでよく感じておきます。何のことかをシート4①に書きます。◀ シート4 ▶ ①

手順2〉フェルトセンスの中心から言葉を引き出す

　テーマにした「この感じ」のフェルトセンスを感じながら，浮かんでくる言葉をシート4②に書きます。浮かんでこない場合は，「この感じ」に注意を向けながら，しばらく待ちます。出てくる言葉は，一見，関係なさそうなものも，無視したり捨てたりしないで，すべて書きとめます。7〜8個書いたら「……」をつけて，次に進みます。とくに大事な言葉に下線を引きます。どの言葉にするかは，フェルトセンスに照らし合わせて決めます。◀ シート4 ▶ ②

手順3〉仮マイセンテンスを作る

　もう一度，テーマにしている「この感じ」のフェルトセンスをよく感じます。「この感じ」のフェルトセンスを短い1つの文で表現すると，どんな文になるでしょうか。なるべくぴったりの短い文を1つ作ります（長めの句でもかまいません）。語も文型も自由に作ります。オノマトペや比

喩（たとえ）を使ってもよいでしょう。「うまく作れないな」と感じるときは，さきほど選んだキーワードを使って作ってみて，「これでどうかな」とフェルトセンスに照らし合わせてみます。2〜3個を作ってみて，「どれがよいかな」と照らし合わせてもよいでしょう。きっと反応が返ってくることでしょう。フェルトセンスには応答する性質があるからです。文ができたら，シート4③に書きます。この文を**仮マイセンテンス**と呼びます。 ◀ シート4 ③

手順4〉通常の意味でないことを確かめる

仮マイセンテンスのなかで，最も大事な言葉を1個選び，二重線を引きます。どの言葉にするかは，フェルトセンスに照らし合わせて決めます。二重線の部分を空所にした文を，シート4④に書きます。この文を**空所のある文**と呼びます。 ◀ シート4 ④

手順5〉キーワードを選ぶ

二重線を引いた言葉を，シート4⑤に書きます。この言葉を**キーワード1**と呼びます。 ◀ シート4 ⑤

キーワード1の通常の意味を，シート4⑥に書きます。辞書を引いてもよいでしょう。キーワード1の通常の意味は，テーマにした「この感じ」のフェルトセンスにぴったりでしょうか。フェルトセンスは微妙で複雑なので，ぴったりではないはずです。「ぴったりではない感じ」を感じてください。
◀ シート4 ⑥

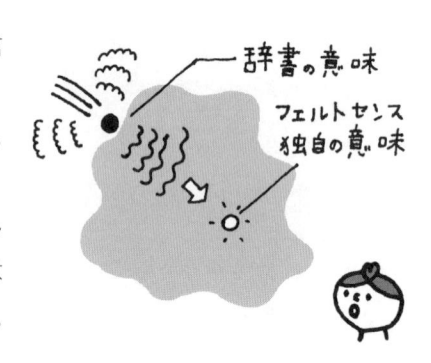

テーマのフェルトセンスを感じながら，シート4④の空所に入る言葉をフェルトセンスから引き出すような気持ちで待ちます。出てきた言葉を，シート4⑦に書きます。これまで使った言葉でも新しい言葉でもかまいませんが，キーワード1とは別の言葉にします。この言葉を**キーワード2**と呼びます。 ◀ シート4 ⑦

キーワード2についても，キーワード1と同様に行います。まず，キーワード2の通常の意味を，シート4⑧に書きます。ぴったりではないと感じたのちに，シート4④の「空所のある文」の空所に入る別の言葉を，シート4⑨に書きます。この言葉を**キーワード3**と呼びます。キーワード3についても，同様に通常の意味をシート4⑩に書き，ぴったりではないと感じます。 ◀ シート4 ⑧⑨⑩

キーワード1，2，3は「この感じ」のフェルトセンスをいくらか表現しているでしょうが，ぴったりではないはずです。フェルトセンスは，言葉にすることがむずかしいのです。「ぴったりではない感じ」を感じてください。

手順6〉キーワードに意味させたいフェルトセンス独自の意味を書く

通常の意味では表現し尽くせない，フェルトセンス独自の，微妙で複雑なところに注意を向けていきます。

テーマにした「この感じ」のフェルトセンスが，キーワード1で表現されたがっている，辞書にない意味は何でしょうか。フェルトセンスに問い合わせ，引き出すような気持ちで待ちます。出てきた言葉を，シート4⑪に，コンマで区切って並べます。オノマトペや比喩（たとえ）を使っ

10. マイセンテンスを詩にしよう

てもよいでしょう。最後に「……」をつけておきます。そのなかで大事な言葉1,2個に波線を引きます。キーワード2,3も同様に行います。それぞれシート4⑫⑬に書きます。 ◀ シート4 ⑪⑫⑬

手順7〉新たな文を作り，詩の草稿とする
　これまでの作業全体を見渡し，テーマにした「この感じ」のフェルトセンスを表現する新たな文（または長めの句）を，3～4個，語も文型も自由に作ります。ここで作る数個の新たな文は，互いに似ていても，似ていなくてもかまいません。オノマトペや比喩（たとえ）を使ってもよいでしょう。「うまく作れないなあ」と感じるときは，さきほど選んだ波線を引いた言葉を使って作り，「これでどうかな」とフェルトセンスに照らし合わせます。文ができたら，シート4⑭に書きます。この文を**マイセンテンス**と呼びます。その下に，シート4④の「空所のある文」の空所にキーワード1を入れた文（仮マイセンテンス），キーワード2を入れた文，キーワード3を入れた文を，縦に並べて書きます。これで**詩の草稿**ができました。 ◀ シート4 ⑭

補足 〉〉〉
　⑤から⑬は自由に順序を変えて行ってもかまいません。

書き・交わすワーク 〉〉〉
手順1〉詩を作る
　詩の草稿を見ながら，テーマにした「この感じ」のフェルトセンスを感じます。フェルトセンスに照らし合わせながら，自由に，順序を変えたり，新しい文や言葉を付け足したり，削除したりします。他人にわかることよりも，フェルトセンスに合うことを優先します。フェルトセンスが「なかなかうまく表現できたな」と感じたら，詩の完成です。

手順2〉タイトルをつける
　出来上がったら，詩の全体をよく感じ，タイトルをつけます。

手順3〉清書をして読み合う
　出来上がった詩を，別紙に清書します。簡単な解説とペンネームを書いておきます。詩集を作って配布したり，インターネットを通じて発表したりして，読み合いましょう。読むときは，詩を書いた人のフェルトセンスを感じる気持ちで鑑賞します。

✳ どんな意味があるの？

　出来上がった詩を読み，フェルトセンスが十分に表現されているかどうかよく感じましょう。ありきたりの言葉で間に合わせずフェルトセンスにぴったりの言葉にこだわることが大切です。フェルトセンスは言葉にし尽くすことは不可能ですが，うまく展開できれば，「なかなかいいね」と応えてきます。フェルトセンスには応答する性質があるからです。詩人はそれぞれ独自の作詩法をもっています。しかし，微妙で複雑な「からだの感じ」を言葉にする点では一致していることでしょう。詩の言葉にはフェルトセンスが濃縮されています。

| シート4 | マイセンテンスシート（詩） | 作成例1 |

①テーマ　※テーマを1つ選び，「この感じ」として持つ。下に事柄をメモする
買ったバイクを初めて見た，乗ったときのこと

②浮かんでくる言葉　※「この感じ」のフェルトセンスを感じながら書く
<u>光</u>, 風, <u>風圧</u>, <u>音</u>, モーター, 色, 熱, 重み, 軽さ, 慣性, 加速, レスポンス……
※大事な言葉に下線を引く

③仮マイセンテンス　※フェルトセンスを短い1つの文にする。語も文型も自由に作る
吹きあがる<u>音</u>を，風圧がじゃまをする
※最も大事な言葉に二重線を引く

④空所のある文　※仮マイセンテンスの二重線の部分を空所にした文を書く
吹きあがる（　　　）を，風圧がじゃまをする
※空所に入る言葉をフェルトセンスから引き出す

※キーワードの通常の意味と，フェルトセンス独自の意味を書く

⑤キーワード1	⑦キーワード2	⑨キーワード3
音	鼓動	進む心
⑥通常の意味	⑧通常の意味	⑩通常の意味
1.物の振動によって生じた音波を，聴覚器官から感じとったもの，また，音波。2.うわさ。3.鳥獣の声。4.訪れ，便り。	1.心臓が血液を送り出すために規則的に収縮，拡大すること。また，その音。2.気持ちや物などが震え動くこと。	1.前に向かって動く。2.盛んになる，勢いがつく。
⑪フェルトセンス独自の意味	⑫フェルトセンス独自の意味	⑬フェルトセンス独自の意味
エンジンの音，風の音，ギアの音，震動，声……	気持ち，心の<u>レスポンス</u>……	前へ急ぐ心，進みたい心，<u>先を見たい心</u>……

※大事な言葉に波線を引く

⑭新たな文を自由に作り，その後に④の文の空所にキーワード1，2，3を入れた文を並べる
風圧の抵抗をよそに，音が吹き上がる
風圧の抵抗をよそに，鼓動が吹き上がる
風圧の抵抗をよそに，進む心が吹き上がる
光は横を流れてゆく
吹きあがる（音）を，風圧がじゃまをする
吹きあがる（鼓動）を，風圧がじゃまをする
吹きあがる（進む心）を，風圧がじゃまをする
※詩の草稿の出来上がり

10. マイセンテンスを詩にしよう

✳ 詩の清書

作成例1

環状7号線

風圧の抵抗をよそに
音が吹き上がる
光が前から近づいてくる

風圧の抵抗をよそに
鼓動が吹き上がる
光が一番近くなる

風圧の抵抗をよそに
進む心が吹き上がる
光が背中を押してくる

解説
　バイクに乗りたてのころ，友人と一緒にツーリングをしたときの感じを表現しました。バイクと一体になって風を切って走るときの情景を，光を通してうまく表現できたと思っています。

ペンネーム・ヒカリ

※詩の清書は，このように，イラスト等も自由に配置して行います。文字の大きさや太さなども，自分のフェルトセンスに照らし合わせて決めます。清書したものを集め，詩集を作ってもよいでしょう。

シート4　マイセンテンスシート（詩）　　　　　　　　　　　　　　　（作成例2）

①テーマ　※テーマを1つ選び、「この感じ」として持つ。下に事柄をメモする
電車の窓から風景を眺める。遠くへ行きたいという感じ

②浮かんでくる言葉　※「この感じ」のフェルトセンスにを感じながら書く
電車から見える川，飛び立つ鳥，高速道路の車，流れ着く所，だれもいない，広い空，速い雲……
※大事な言葉に下線を引く

③仮マイセンテンス　※フェルトセンスを短い1つの文にする。語も文型も自由に作る
電車から見える川は飛び立つ鳥である
※最も大事な言葉に二重線を引く

④空所のある文　※仮マイセンテンスの二重線の部分を空所にした文を書く
電車から見える川は（　　　　）鳥である
※空所に入る言葉をフェルトセンスから引き出す

※キーワードの通常の意味と，フェルトセンス独自の意味を書く

⑤キーワード1	⑦キーワード2	⑨キーワード3
飛び立つ	雲	静閑
⑥通常の意味	⑧通常の意味	⑩通常の意味
飛行する，空中に舞う，勢いよく放たれる。	きわめて高い所，遠い場所，広がって霞んでいるもののたとえ。	ひっそりと。物静か。
⑪フェルトセンス独自の意味	⑫フェルトセンス独自の意味	⑬フェルトセンス独自の意味
飛んでどこかへ向かう，期待と不安でじっとしていられない……	柔軟，変化する，自由，何も持っていない，それすらうらやましい……	だれもいない，上も下もない……

※大事な言葉に波線を引く

⑭新たな文を自由に作り，その後に④の文の空所にキーワード1, 2, 3を入れた文を並べる
もし私だったら，行けるところまで，できることのすべて，見るものすべて
どこまでいくのか，いけるのか
走る車にひょっと乗り込んで遠くにいきたい
私も一緒に行きたい
電車から見える川は飛び立つ鳥だ
電車から見える川は雲の鳥だ
電車から見える川は静閑な鳥だ
※詩の草稿の出来上がり

10. マイセンテンスを詩にしよう

✲ 詩の清書

作成例2

流 れ る

もし　私が川だったら
みんなを連れて地球の裏側まで

もし私が鳥だったら
世界中に挨拶しながら

もし私が雲だったら
姿をかえて　形をかえて

行けるところまで　行ってみたい

解説
　私は，遠くまで続くものが好きで，なんだかうらやましく思う。目的地はどこだろう。目的なんてなくてただ流れているのだろうか。まだ見えないずっとさきにはどんなことがあるのだろうと考えると楽しい気分になる。

ペンネーム・はるか

コラム1　いきいきと書くコツ

　いきいきとした文章は，読む人に臨場感を与えます。経験の細部を落とさずに書くと，いきいきした文章になります。ジェンドリン博士も，TAEステップ7で，経験の細部に注意を向けることの大切さを強調しています。

　経験の細部を描写するには，次のことに気をつけて書くとよいでしょう。また，書いたあとで，次の要素が入っているかどうか，確かめてみましょう。必ず全部入れなくてはならないというわけではありませんが，自分の経験を，ほかの人にもいきいきと感じてもらうためには，細部の描写が必要です。

(1) 6W2Hを書く

　いつ（when），どこで（where），だれが（who），だれに（whom），なぜ（why），何を（what），どれだけ（how much），どのように（how），したのかの情報を書きましょう。英語の頭文字をつなげると「6W2H」となります。

(2) 固有名と数字を書く

　人名（仮名），地名，数字を書きましょう。個人が特定されるような書き方をしないで，そこで起こっていることにリアリティ（現実感）をもたせるように書きます。人名は，本名を書かずに，仮名やイニシャル，「マネージャー」「部長」「新人」など，役職や立場を書きましょう。地名は，「羊蹄山」「印旛沼」など自然物の名称，「戸越銀座」「御影町」などの地名を，さしつかえない範囲で書きましょう。数字を書くのも，非常に効果的です。「多く売れた」ではなく「300個も売れた」，「暑かった」ではなく「気温が36度まで上がった」と，数字を入れて書きましょう。文章の性格によって，情報の公開度が違ってくるので，注意しましょう。

(3) 会話文や心内文を入れましょう

　会話文（複数の人の対話），心内文（1人の心の中の対話）を書くと，出来事にリアリティがもたらされます。文体に変化も出ます。「　」で引用して書きましょう。

11. マイセンテンスから書こう

> ねらい：フェルトセンスの独自性を文章にする
> 方　法：マイセンテンスをキャッチコピーにして文章を書く

✳ どんなワーク？

　ここでは，マイセンテンスを短い文章に展開します。フェルトセンスを感じてマイセンテンスを作り，そこから文章を展開すれば，印象がくっきりしてまとまりのよい文章が書けます。手順は「マイセンテンスを詩にしよう」とほとんど同じですが，マイセンテンスを1つに絞り，それをキャッチコピーにして文章に展開します。ここまで学んだことを復習し，中級編の準備をします。

✳ 手順は？

感じ・考えるワーク 〉〉〉　　　　　　　　　　　　　　　　　◀ シート5 ▶ P.60,62

手順0〉準備

　マイセンテンスシート（キャッチコピー）をダウンロードします。または，白い紙に必要に応じて枠を作り，作成例にならって進めます。このワークは1人で行います。◀ シート5 ▶

手順1〜6〉テーマを決め，フェルトセンス独自の意味を引き出す

　手順1〜6までは，「10. マイセンテンスを詩にしよう」と同じです（P.49〜51参照）。

手順7〉全体を見渡す文を作る

　ここまでの作業全体を見渡します。キーワード1，2，3と波線を引いたすべての言葉を，シート5⑭の文の空所にコンマで区切って書き，最後に「……」をつけます。フェルトセンスは言葉にし尽くすことができないので，このようにしておきます。この文を**拡張文**と呼びます。◀ シート5 ▶ ⑭

手順8〉フェルトセンスを短い1つの文（マイセンテンス）にする

　拡張文を見ながら，テーマにした「この感じ」のフェルトセンスを表現する短い文を1つ，新たに作って書きます。語も文型も自由に作ります。オノマトペや比喩を使ってもよいでしょう。この文を**マイセンテンス**と呼びます。マイセンテンスは，仮マイセンテンスと同じでも異なっていてもかまいません。自分以外の人にとって多少わかりづらい文になってもよいので，テーマにした「この感じ」のフェルトセンスに，なるべくぴったりの文を作ります。◀ シート5 ▶ ⑮

手順9〉マイセンテンスを補足説明する

　マイセンテンスの意味がほかの人にもわかるように，補足説明を書いておきましょう。シート5⑯に書きます。◀ シート5 ▶ ⑯

書き・交わすワーク 》》》　　　　　　　　　　　　　　　　　◀ シート6 ▶ P,61.63

「感じ・考えるワーク」で作ったシート5をもとに**アウトライン**を作り，シート6に下書きをします。 ◀ シート5 ▶ → ◀ シート6 ▶

アウトラインとは，「何をどんな順番で書くかを記したもの」です。ここではキャッチコピー型アウトラインを使います。テーマにした「この感じ」のフェルトセンスから離れずに書くと，まとまりのよい文章になります。アウトラインは，慣れてきたら，自分で応用してみましょう。例えば，具体的経験から書き出すことも可能です。

キャッチコピー型アウトライン

```
(2) マイセンテンス＝キャッチコピー ◀ シート5 ▶ ⑮
(3) マイセンテンスの簡単な説明（なぜならば……） ◀ シート5 ▶ ⑯
(4) 経験（例えば，こんなことがあった……） ◀ シート5 ▶ ⑪⑫⑬
(5) 経験の要点のまとめ（このように……） ◀ シート5 ▶ ⑯
(6) もう一度，マイセンテンス＝結論（だから……） ◀ シート5 ▶ ⑮
(1) タイトル ←全体を感じてつける
```

手順0 》準備

下書きシート（キャッチコピー型）をダウンロードしておきます。または，白い紙に必要に応じて枠を作り，作成例にならって進めます。このワークは1人で行います。 ◀ シート6 ▶

手順1 》マイセンテンスをキャッチコピーにして書き始める

マイセンテンスを**キャッチコピー**にして，書き始めます。キャッチコピーとは，読み手をキャッチする短い文です。語や文型は，マイセンテンスで作った文章のままでも変形してもかまいません。多少わかりづらい言い回しになっているかもしれませんが，読み手が「なんだろう，続きが読みたいなあ」と引き込まれる文になっていれば，うまく展開しています。 ◀ シート5 ▶ ⑮ → ◀ シート6 ▶ (2)

手順2 》マイセンテンスの簡単な説明を書く（なぜならば……）

マイセンテンスを簡単に説明します。マイセンテンスには書き手のフェルトセンスが濃縮されていますが，短く，一文だということもあり，意味理解という点ではわかりづらいことも多いものです。したがって，いくらか説明が必要です。なぜマイセンテンスのように言えるのか，ここでは，マイセンテンスの意味を，一般的なわかりやすい表現で展開します。「なぜならば……だからです」などの表現が考えられますが，フェルトセンスに合った，適切な言い回しでマイセンテンスを説明しましょう。長く書く必要はありません。多くても2，3行程度で十分です。
◀ シート5 ▶ ⑯ → ◀ シート6 ▶ (3)

手順3 》経験を書く（例えば，こんなことがあった……）

テーマにした「この感じ」のフェルトセンスを感じた経験を書きます。「例えば，こんなことがあった……」と語り始める感じですが，言い回しは工夫しましょう。シート5⑪⑫⑬で使った言葉を使いながら書くとうまく書けます。フェルトセンスを感じながら，細部を落とさず詳細に，い

きいきと書きましょう（「いきいきと書くコツ」P.56 参照）。◀ シート5 ⑪⑫⑬ → ◀ シート6 (4)

手順4〉経験の要点のまとめを書く（このように……）

　経験をひととおり書き終えたら，経験の要点をまとめます。シート6「(3)マイセンテンスを簡単に説明する」と同じ内容になるように，類似の表現で新たに書き起こします。一貫して同じフェルトセンスを展開しているので，このようなことが可能です。結果的に(3)と同じ文になってもかまいません。同じフェルトセンスを感じることによって，文章全体の一貫性が保たれます。
◀ シート5 ⑯ → ◀ シート6 (5)

手順5〉もう一度，マイセンテンスを書く（だから……）

　もう一度マイセンテンスを書いて，文章を締めくくります。マイセンテンスは変形してもかまいません。これが全体の結論になります。最初と最後が照応するので，まとまりのよい文章になります。◀ シート5 ⑮ → ◀ シート6 (6)

手順6〉タイトルをつける

　最後に全体をよく感じ，タイトルをつけます。◀ シート6 (1)

手順7〉清書をして読み合う

　テーマにしたフェルトセンスがよく表現されており，かつ，ほかの人にもわかる文章になっているか，全体を読み直して確認します。誤字脱字をチェックし，書式を整えます。

　周りの人と交換したり，インターネット上で発表したりして，感想文を書き合いましょう。「19. 感想文を書こう」（P.103）を参考にしてください。

✳ どんな意味があるの？

　フェルトセンスをうまく言葉に展開できましたか？　あなたの「この感じ」のフェルトセンスがほかの人に伝わるかどうか，身近な人に読んでもらい，その人がどんなふうに感じたか，コメントをもらいましょう。だれかに共感してもらえることは喜びです。「書いてよかった」「読ませてもらってよかった」という気持ちが，自然に出てくることでしょう。

　うまく伝わらないときは，どの部分がわかりにくいかを話してもらいましょう。その言葉を手がかりに，もう一度，あなたのフェルトセンスを確かめてみます。だれかの「何か違う」という違和感が，あなたのフェルトセンスの豊かさを展開するきっかけになることもあります。違和感を手がかりに，フェルトセンスの独自の部分により深く分け入っていくことができるのです。

　このワークで用いたキャッチコピー型アウトラインは，短い文章をまとまりよく仕上げるのに適した応用範囲の広い形です。このテキストでも，このあと，「16. 自己PR文を作ろう」（P.80 参照）や上級編の小見出し型アウトラインの「パート内部のつながり」（P.129 参照）で使います。

シート5　マイセンテンスシート（キャッチコピー）　（作成例1）

①テーマ　※テーマを1つ選び，「この感じ」として持つ。下に事柄をメモする
剣道の稽古のあとの感じ

②浮かんでくる言葉　※「この感じ」のフェルトセンスを感じながら書く
呼吸・汗・<u>狭い視界</u>・圧迫感・冷たい水・体育館・素足・湿った胴着・<u>解放感</u>・心地よい疲労感・<u>外の空気</u>……　　　　　　　　　　　　　　　　　　　　　※大事な言葉に下線を引く

③仮マイセンテンス　※フェルトセンスを短い1つの文にする。語も文型も自由に作る
<u>解放された</u>体育館　　　　　　　　　　　　　　　　　　　　　※最も大事な言葉に二重線を引く

④空所のある文　※仮マイセンテンスの二重線の部分を空所にした文を書く
（　　　　）体育館　　　　　　　　　　　　　　　　　※空所に入る言葉をフェルトセンスから引き出す

※キーワードの通常の意味と，フェルトセンス独自の意味を書く

⑤キーワード1	⑦キーワード2	⑨キーワード3
解放する	狭い視野の	素足
⑥通常の意味	⑧通常の意味	⑩通常の意味
からだや心の束縛や制限を取り除いて自由にすること。	狭い：面積が小さい。空間に余裕がない。 視野：視力の及ぶ範囲。	履物をはいていない足。はだし。
⑪フェルトセンス独自の意味	⑫フェルトセンス独自の意味	⑬フェルトセンス独自の意味
狭くて<s>苦しい</s>面からようやく<s>外の空気</s>に触れられたときの感覚，解放された瞬間，達成感が満ち溢れる……	狭い：<s>呼吸</s>が荒い，<s>汗</s>，<s>圧迫</s>された面の中，狭い…… 視野：狭まった視界……	<s>自分の足</s>で体育館を歩く感覚……

※大事な言葉に波線を引く

⑭拡張文　※空所に，すべてのキーワードと波線を引いた言葉を並べる
（解放された・狭い視野の・素足の・苦しい・外の空気に触れる・呼吸・圧迫・自分の足……）体育館

⑮マイセンテンス＝キャッチコピー　※フェルトセンスを短い1つの文にする。語も文型も自由に作る
自分を冷ます

⑯マイセンテンス＝キャッチコピーの補足説明　※ほかの人にもわかるように書く
剣道の稽古が終わったあと，面をはずして外の空気にふれる。そのあと，黙想し，日常に戻る。

11. マイセンテンスから書こう

> シート6　**下書きシート（キャッチコピー型）**　　　　　　　　　　作成例1

(1) タイトルをつける　※最後に決める
　　終わりのあと

(2) マイセンテンスを書く　※「感じ」を短い一文で表す　◀ シート5 ⑮
　　自分を冷ます。

(3) マイセンテンスを簡単に説明する　※マイセンテンスと経験をつなぐ　◀ シート5 ⑯
　　稽古が終わり，一列に整列し，正座する。先生と向かい合わせになり，面をはずす。

(4) 「感じ」を感じた具体的経験を書く　※細部をいきいきと書く　◀ シート5 ⑪⑫⑬
　　面をとった瞬間，「体」が外の空間と一緒になる。さっきまで竹刀の音とかけ声で騒々しかった体育館が，急に静まりかえる。
　　稽古中は，流れる汗をぬぐえない。汗が口の中に入ってくる。苦しくて息ができない。面を通して見る体育館は，とてつもなく広い。わたしの掛け声がかすれてくる。みんなの声も元気がなくなっている。「ラスト一本！」先生の一喝がとび，力を搾り出す。もう前がよく見えないけれど，呼吸もうまくできないけれど，最後の声を振り絞り，正面から面を打つ。
　　竹刀を納めて整列する。正座して，ゆっくり面をとる。あんなに広く感じた体育館も，いつもの体育館である。解放感と達成感で心がいっぱいになる。頭の中では，まだ竹刀の音が響き渡っている。
　　「黙想」という聞きなれた部長の声と共に目を閉じる。自分の呼吸が穏やかになってゆく。しんとした空間の中で目を閉じると，心が落ち着いてゆく。「心」が少しずつ外の空間と一緒になる。

(5) 経験の要点をまとめる　※経験とマイセンテンスをつなぐ　◀ シート5 ⑯
　　その時間は，つらい稽古に耐えたからこそ感じられる貴重な時間である。黙想が終わり，再び目を開ける。ふだんの私に戻る。

(6) もう一度，マイセンテンスを書く　※少し変形させると，なおよい　◀ シート5 ⑮
　　自分を冷まして，「体と心」が外の空間と一緒になる。

　　　　　　　　　　　　　　→このあと，さらに清書をして仕上げます。

シート5　マイセンテンスシート（キャッチコピー）　　作成例2

①テーマ　※テーマを1つ選び、「この感じ」として持つ。下に事柄をメモする
春の夜に電灯に照らされている桜を見ているときの何かひきつけられるような感じ

②浮かんでくる言葉　※「この感じ」のフェルトセンスを感じながら書く
春，青，風，闇，光，ほの暗い桜色，吸い寄せられる，磁石，ざわざわ散る，舞う，人工的，美しさ，死…… 　　　　　　　　　　　　　　　　　　　　　　　　　　　　　※大事な言葉に下線を引く

③仮マイセンテンス　※フェルトセンスを短い1つの文にする。語も文型も自由に作る
青い桜を掃除機にする　　　　　　　　　　　　　　　　　　　※最も大事な言葉に二重線を引く

④空所のある文　※仮マイセンテンスの二重線の部分を空所にした文を書く
青い桜を（　　　）にする　　　　　　　　　　　※空所に入る言葉をフェルトセンスから引き出す

※キーワードの通常の意味と，フェルトセンス独自の意味を書く

⑤キーワード1	⑦キーワード2	⑨キーワード3
掃除機	風	スポットライト
⑥通常の意味	⑧通常の意味	⑩通常の意味
モーターで羽根車を回転して低圧部を作り，ほこりなどを吸い込ませて掃除する器具。真空掃除機。	人間に知覚される程度の速さをもった空気の流れ。	一部分を明るく照らし出すための光線。
⑪フェルトセンス独自の意味	⑫フェルトセンス独自の意味	⑬フェルトセンス独自の意味
自分の意識を吸い込むもの，引き寄せるもの，人工物である……	自分に通っていく，ざわざわした風，微風ではない……	何かを際立たせる，明るい光，人工物である，一部分を照らす，目立つ……

※大事な言葉に波線を引く

⑭拡張文　※空所に，すべてのキーワードと波線を引いた言葉を並べる
青い桜を，（掃除機，風，スポットライト，引き寄せるもの，ざわざわした風，何かを際立たせる，人工物である，目立つ……）にする

⑮マイセンテンス＝キャッチコピー　※フェルトセンスを短い1つの文にする。語も文型も自由に作る
青い桜がライトに照らされ，ライトを照らす

⑯マイセンテンス＝キャッチコピーの補足説明　※ほかの人にもわかるように書く
人につくられた青い桜はライトとの相互関係によっていっそう美しさを増す。

11. マイセンテンスから書こう

◀ シート6 ▶　下書きシート（キャッチコピー型）　　　　　　　作成例2

(1) タイトルをつける　※最後に決める
　　サクライト

(2) マイセンテンスを書く　※「感じ」を短い一文で表す　◀ シート5 ▶ ⑮
　　青い桜がライトに照らされ，ライトを照らす。

(3) マイセンテンスを簡単に説明する　※マイセンテンスと経験をつなぐ　◀ シート5 ▶ ⑯
　　花など興味のない僕だが，唯一好きな花の姿がある。それは，夜の暗さで青みがかったソメイヨシノが電灯に照らされている姿である。

(4) 「感じ」を感じた具体的経験を書く　※細部をいきいきと書く　◀ シート5 ▶ ⑪⑫⑬
　　そのことに気づいたのは，中学生のころのある春の夜，いつものように自転車で家に帰ってきて自転車を自転車置き場に停めているときだった。それまで気に留めたことのなかった自転車置き場前の桜になぜかひかれた。風に揺られ散りながら電灯に照らされる桜の姿に目を奪われ，初めて花を「きれいだ」と思った。桜に吸い込まれそうになった。
　　そのことに気づいてから，いろいろな場面で桜を注意して見るようになったが，やはり僕がひかれるのは「電灯に照らされている桜」だけだった。
　　この場面に僕がひかれるのはきっと，桜もライトになっているからだと思う。電灯は桜を光らせて引き立たせるが，電灯もまた「桜を引き立たせている」ことによって人の目を引く。ライトは物を照らし美しく見せるために作られた人工物であるが，ソメイヨシノもまたより美しくなるために交配してつくられたという意味では人工物である。人工物としての桜の美しさと，ほかのものを引き立てる電灯の美しさ，更にこの桜と電灯のお互いを主役にし合う関係が美しさを昇華させるのだ。

(5) 経験の要点をまとめる　※経験とマイセンテンスをつなぐ　◀ シート5 ▶ ⑯
　　人につくられた青い桜はライトに照らされ，照らされることによりライトを照らす。そして，桜はライトとの相互関係によっていっそう美しさを増す。

(6) もう一度，マイセンテンスを書く　※少し変形させると，なおよい　◀ シート5 ▶ ⑮
　　ライトに照らされ，ライトを照らす青い桜，そんな桜の美しさが大好きだ。

→このあと，さらに清書をして仕上げます。

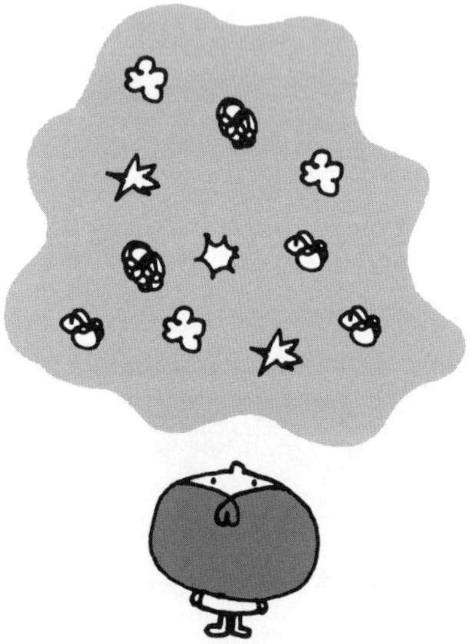

中級編
＊豊かさを失わずに一般化する＊

中級編では，「パターン」と「交差」を学びます。
パターンは実例から浮き出てきます。
イメージで表現すると，
「面」から浮き出る「線」です。
「面」は実例です。

見えているのはパターンだけですが，
背後に実例があります。
パターンは短い文ですが，背後に
実例の豊かさを含み込んでいるのです。

パターンは一般的な表現なので，
ほかの実例にもあてはめられます。
パターンをあてはめると，
実例の新しい面が見えてきます。
これが「交差」です。

フェルトセンスに，
いくつもの「面」が立ち上がり，
互いに関連づけられます。
フェルトセンスが立体的になってきます。

立体的になってくる

　「言いたいこと」の中心を「からだの感じ」を使って見つけ出し，文の形にします。これが「パターン」です。パターンは繰り返し表れるので，物事を関係づけられます。だからパターンを使うと一貫性のある文章が書けます。パターンは「交差」できるので，読み手のなかに表れ，「理解」を作ります。中級編のワークを通じて，主張が明確に伝わる文章が書けるようになります。

12 パターンとは（解説）

ねらい：「パターン」は繰り返し表れることを知る
方　法：昔話からパターンを見つける

✳ 「パターン」とは？

　ここでは，「パターンを見つける」を学びます。**「パターン」**(pattern) は，「多くの実例のなかに繰り返し表れる可能性があるもの」です。つまり，パターンは「多くの状況に適用できる一般的なもの」でもあります。

　星型のクッキーの型を思い浮かべてみましょう。型はパターンの一種です。クッキーの生地を広げて，同じ1つの星型の型でくり抜き，オーブンで焼けば，美味しいクッキーの出来上がりです。

　しかし，厳密にいうと，まったく同じクッキーはありません。くり抜くときの力加減，焼くときの火のあたり具合などで，1枚1枚，微妙に違います。この1枚1枚が実例です。

　この微妙に異なるたくさんのクッキーのなかに，私たちは繰り返し「星型」を見いだします。これがパターンです。パターンは一般的なものなので，星型のヒトデも星型の砂も見つけられます。

　私たちは，形のないものにもパターンを見いだすことができます。「うさぎとかめ」の話を知っていますか。日本でも古くから親しまれているイソップ童話です。足の速いうさぎと，歩くのも遅いかめが，かけっこをしました。「よーいどん」と始まったレースは，当然，うさぎが大リード。「どうせ追いつけっこないや」と思ったうさぎは，ひと休みするうちに眠ってしまい，ようやく目を覚ますと，かめはゴール寸前。あわてて駆け出したが追いつけなかったという話です。この話は「油断大敵」つまり「油断すると失敗しますよ」と教えてくれる話です。

　「油断大敵」はパターンといえます。うさぎとかめがほんとうに競争するかどうかは別として，「油断大敵」という場面は，人生一般に，繰り返し表れる可能性があります。「油断してはいけないぞ」と言いきかせることは，だれにとっても役立つのです。

12. パターンとは（解説）

　ある日の新聞に，エッセイストの絵門ゆう子さんが，「おひるねうさぎミーティング」という，がん患者の会のことを書いていました（「絵門ゆう子のがんとゆっくり日記」2005年10月13日朝日新聞東京版）。「うさぎがピョンピョン先に行くようにガンがかなり進行していても，そこでゆっくりお昼寝していれば，あとから追いついたかめさんと一緒に寿命をまっとうできる」という「逆転の発想」が名付けの理由だそうです。亀は長寿の象徴でもあります。

　この絵門さんの発想から「うさぎとかめ」の話には，「望ましくないことを根絶できなくても抑制できれば，よい結果を得ることができる」というパターンが含まれていると気づかされます。こんなふうに，同じ話から違ったパターンを見つけることもできます。

✳ ワーク

　「パターンを見つける」を実習しましょう。3〜5人のグループで行います。

　次の3つの物語から，それぞれどのようなパターンが見つけられるか，グループで話し合います。次に，そのパターンがあてはまるような，自分自身の経験を話し合います。最後に，このワークで感じたこと，気づいたことを，全体で話し合いましょう。

　1．うらしま太郎　2．かぐや姫　3．一寸法師

　パターンを見つけたりあてはめたりするとき，「う〜ん」と身体の内側に集中して考えたことでしょう。この「う〜ん」と考えているときに感じているのがフェルトセンスです。そのとき，「からだの感じ」を使って考えていると言えます。1つの話から，複数のパターンや通常とは違うパターンを見つけることは，創造的思考につながります。チャレンジしてみましょう。

✳ どんな意味があるの？

　お話のなかに正しいパターンがあらかじめ埋め込まれており，だれかに発見されるのを待っているわけではありません。パターンは，ある文化，ある状況のもとで，そのつど見いだす人と物（対象）の相互作用によってつくられます。それでいて，繰り返し表れ，繰り返し適用できるものです。ジェンドリン博士は，「パターンは実例のクラスター（房）から浮き出てくる」と言っています。「油断大敵」のように目に見えるパターンの向こうに，「油断していたうさぎがかめに追い抜かされてしまった」などの多くの実例がぶどうの房のようにつながっているというわけです。だから，パターンは豊かさを失わずに一般化できるのです。

13 失敗は成功のもと

ねらい：パターンは一般化できることを知る
方　法：パターンを「裏返す」。パターンがあてはまる経験を集める

✻ どんなワーク？

　パターンは，私たちの個人的経験にも含まれています。何か気になることがあるとき「この経験からどんなパターンが見つけられるかな」と自問してみるとよいでしょう。その経験が自分の人生にどのような意味があるのかに，気づくことでしょう。パターンは繰り返し表れる可能性のあるものです。ですから，経験からパターンを見つけておくと，自分自身の今後の人生に役立ちます。
　また，パターンは一般化が可能な形をしていますから，否定的意味を肯定的意味に変えたり，意味を変えずに肯定／否定の表現を逆にしたりできます。前者を「パターンを**反対にする**」，後者を「パターンを**裏返す**」と呼びます。この性質を利用して，否定的な面を手がかりに肯定的な面に焦点を当てたり，その逆を行ったりすることができます。

✻ 手順は？

感じ・考えるワーク 》》》　　　　　　　　　　　　　　　　　　　シート7　P.70

手順0 〉準備
　パターンシート（裏返し）をダウンロードします。または，白い紙に必要に応じて枠を作り，作成例にならって進めます。このワークは1人で行います。　シート7

手順1 〉経験を1つ書く
　このワークでは，自分の経験を実例にします。失敗した経験，または，成功した経験を1つ思い出します。「しまった！」「やったぁ！」など，「からだの感じ」のフェルトセンスがくっきりしているものを選びましょう。細部を落とさず詳細に，いきいきと書きます（「いきいきと書くコツ」P.56参照）。大事なところに下線を引きます。これを**経験1**と呼びます。　シート7　①

手順2 〉経験からパターンを見つける
　経験1からパターン見つけます。前のワークで昔話からパターンを見つけた要領で「からだの感じ」を使って，「う〜ん」と考えます。言葉にするのがむずかしいと感じるときは，①で下線を引いた部分の言葉を使って書いてみましょう。　シート7　②

手順3 〉ほかの経験を書く
　見つけたパターンがあてはまる自分自身の経験をいくつか思い起こし，簡単に書きます。経験1

と同じようにフェルトセンスに問い合わせて書きます。◀ シート7 ③

手順4 〉パターンを裏返す

　見つけたパターンを裏返した（意味を変えずに肯定／否定の表現を逆にした）パターンを書きます。シート7 ④に書きましょう。◀ シート7 ④

手順5 〉裏返しの経験を書く

　裏返したパターンがあてはまる自分自身の経験をいくつか思い起こし，簡単に書きます。このような経験を**裏返しの経験**と呼びます。③に書いた経験の裏返しでも，まったく違う場面の経験でもかまいません。◀ シート7 ⑤

分かち合うワーク 〉〉〉

手順1 〉話し合う

　3〜5人のグループをつくります。ほかの人のパターンを聞き，それにあてはまる自分自身の経験を出し合います。最後に，このワークで気づいたことを自由にメモしましょう。◀ シート7 ⑥

補足 〉〉〉

　手順3〜5は順序を変えて行ってもかまいません。パターンを書きかえる前に，裏返しの経験を思い出したときは，経験を書いたあとで，パターンの書きかえを行います。

✳ どんな意味があるの？

　失敗した経験からパターンを見つけておくと，のちのちの失敗を防ぐことができます。成功した経験からパターンを見つけておくと，成功を繰り返しやすくなります。このワークでは失敗／成功と分類しましたが，経験は本来，複雑なものです。またパターンには「裏返し」だけでなく，さまざまな「転換」の方法があります。「気がかりなこと」に出会ったとき，「からだの感じ」を使ってパターンを見つけて転換してみましょう。問題解決の糸口が見つかるかもしれません。

シート7　パターンシート（裏返し）　　　（作成例）

①経験1　※失敗経験または成功経験を1つ書く→大事なところに下線を引く

急いで<u>焦っていたとき</u>，新宿駅で京王線からJRへの乗り換え用自動改札機（入れた切符が出て来る）で，切符を取るのを<u>忘れてしまった</u>。着いたJRの駅で自動改札機を通るときになって，切符がないことに気づいた。

②パターン　※経験1に表れているパターンを書く

　気持が焦っていると，失敗しがちである

③ほかの経験　※パターンがあてはまるほかの経験を書く

- 先週の日曜日，友達との待ち合わせに遅れそうになり，家を跳び出した。携帯電話を充電器にさしたまま，持ってくるのを忘れてしまった。途中で「少し遅れます」と連絡したかったが，できなかった。友達を待たせて悪かった。
- 野球の試合で，得点圏にランナーがいるときに打ち急いで，ライトフライで得点が取れなかった。
- 急いでいたので，ちょうどホームに止まっていた電車に飛び乗った。各駅停車だったので，途中で急行に追い抜かれた。気をつけて表示を見てから乗ればよかった。
- 今年の2月のこと。朝5時までかかってレポートを仕上げた。少しだけ寝るつもりで寝たら，寝坊してしまった。あわてて家を出たら，レポートを家に置いてきてしまった。何のために朝までがんばったんだ！

④パターンを裏返す　※意見を変えずに肯定／否定の表現を逆にする

　気持ちが落ち着いていれば，失敗しない

⑤裏返しの経験　※裏返したパターンがあてはまる経験を書く

- 野球の試合で，満塁のとき，「ここで焦っちゃいけない」と思い，しっかりとボールを見て，フォアボールで押し出しを誘って得点した。
- 去年の春のこと。バイト先のレストランで，前にほかのバイトの接客態度が悪いと店長に苦情を言っていたお客さんが，またいらした。一瞬「嫌だなあ」と思ったが，来てくださったということは，この店のよいところも感じているからだろうと思うようにして，どきどきしながらも落ち着いて応対した。別に怒られることもなく，お客さんは機嫌よく食事をして帰られた。ほっとした。

⑥気づいたこと　※このワークで気づいたことを書く

自分は，失敗したら，次からすごく気をつけている。成功例よりも失敗例のほうが見つけやすい。たぶん，身にしみているからだろう。「急がば回れ」ということわざを思い出した。

※パターンを網かけで示しました

14 社会に提言しよう

ねらい：「からだの感じ」は社会的問題の解決に役立つことを知る
方　法：見聞きした経験やマスコミの情報を使う

✱ どんなワーク？

　私たちは日々，無数の新しい出来事に遭遇しますが，多くは忘れられて行きます。そんななかで，とりわけ印象に残る出来事があります。「印象」は「からだの感じ」です。その「印象」を感じ直し，「ここからどんなパターンが見つけられるかな」と考えてみましょう。
　このワークでは，直接見聞きした出来事や，テレビや新聞で報道された出来事からパターンを見つけ，文章に展開します。パターンを意識しながら書くことで，論旨が一貫した文章が書けます。

✱ 手順は？

感じ・考えるワーク 〉〉〉　　　　　　　　　　　　　　　　　　　◀ シート8　P.74,76

手順0〉準備
　パターンシート（出来事）をダウンロードします。または，白い紙に必要に応じて枠を作り，作成例にならって進めます。このワークは1人で行います。◀ シート8

手順1〉出来事を選ぶ
　日々の生活で直接見聞きした出来事や，マスメディア（テレビ，新聞等），インターネット等を通じて知った出来事のなかで，強い印象を受けたものを1つ選びます。理由をはっきり言葉にできなくてかまいませんが，「何だか忘れられない」「どうも気になる」といったフェルトセンスが，くっきりしているものにします。

手順2〉出来事を詳しく書く
　出来事1の「印象」のフェルトセンスを感じながら，記事のコピーがある場合は，それを見て自分の言葉でまとめます。細部を落とさず詳しく書きます。大事なところに下線を引いておきます。どこが大事かは，フェルトセンスに照らし合わせて決めます。◀ シート8 ①

手順3〉出来事からパターンを見つける
　出来事1から，ほかの事柄にも適用できる一般的なパターンを見つけます。「う～ん」と「からだの感じ」を使って考えます。パターンを見つけるのがむずかしいと感じるときは，①で下線を引いた言葉を使って書き，フェルトセンスに照らし合わせます。◀ シート8 ②

手順4〉パターンがあてはまる別の出来事を書く

同じパターンがあてはまる別の出来事，または，裏返しや反対の出来事（P.68参照）を1つ，詳しく書きます。これを**出来事2**と呼びます。直接見聞きしたことでも，マスメディアを通じて知ったことでもかまいません。 シート8 ③

書き・交わすワーク 〉〉〉 シート9 P.75, 77

「感じ・考えるワーク」で作ったシート8をもとにアウトラインを作り，シート9に下書きをします。ここではパターン型アウトラインA型を使います。A型では，出来事を書いたあとに，パターンを書きます。先にパターンを書いてから出来事を書くB型を使って書くこともできます。混ぜて使ってもかまいません。出来事1に最初にふれたときに受けた「印象」のフェルトセンスから離れずに書くと，まとまりのよい文章になります。 シート8 → シート9

パターン型アウトライン

【A型】出来事を先に書く	【B型】パターンを先に書く
(2) 問題提起と結論 シート8 ②	(2) 問題提起と結論 シート8 ②
(3) 出来事1 シート8 ①	(4) パターン1 シート8 ②
(4) パターン1 シート8 ②	(3) 出来事1 シート8 ①
(5) 出来事2 シート8 ③	(6) パターン2 シート8 ②
(6) パターン2 シート8 ②	(5) 出来事2 シート8 ③
(7) 提言 シート8 ②	(7) 提言 シート8 ②
(1) タイトル ←全体を感じてつける	(1) タイトル ←全体を感じてつける

手順0〉準備

下書きシート（パターン型）をダウンロードします。または，白い紙に必要に応じて枠を作り，作成例にならって進めます。 シート9

手順1〉問題を提起し結論を書く

冒頭にパターン（または裏返しや反対のパターン）が結論になるよう問題提起し，結論を書きます。シート8②に書いたパターンを使い，シート9(2)に新しく書きます。 シート8 ② → シート9 (2)

手順2〉出来事1を詳しく書く

出来事1を書きます。シート8①で使った言葉を使いながら，細部を落とさず詳細に，いきいきと書きましょう（「いきいきと書くコツ」P.56参照）。 シート8 ① → シート9 (3)

手順3〉パターンを書く

出来事1のまとめとしてパターンを書きます。多少変形してかまいません。
シート8 ② → シート9 (4)

手順4〉出来事2を詳しく書く

出来事2を書きましょう。出来事1と同様，細部を落とさず詳細に，いきいきと書きましょう。

14. 社会に提言しよう

◀シート8 ③ → シート9 (5)

手順5〉もう一度，パターンを書く

　出来事2のまとめとして，もう一度，パターンを書きましょう。(4)とまったく同じ表現にならないようにします。パターンを裏返しや反対にして書くことが必要な場合もあります。もう一度パターンを書くことで，2つの出来事の要点をまとめることができます。 ◀シート8 ② → シート9 (6)

手順6〉社会への提言を書く

　最後に，社会への提言を書いて締めくくりましょう。見いだしているパターンが否定的なものの場合，「こんなことが続くとますます悪くなる」と警告を発して終わることもできますが，パターンを裏返せば，「こうすればよくなる」と前向きな提言をして終わることができます。パターンが肯定的な場合は，「これを続けるとよくなる」という方向で書けばよいでしょう。最後までパターンにそって書くことで，首尾一貫した文章になります。 ◀シート8 ② → シート9 (7)

手順7〉タイトルをつける

　最後に，全体をよく感じ，タイトルをつけましょう。 ◀シート9 (1)

分かち合うワーク 〉〉〉

手順1〉清書をして読み合う

　テーマにしているフェルトセンスがよく表現されており，かつ，ほかの人にもわかる文章になっているか，全体を読み直して確認します。誤字脱字をチェックし，書式を整えます。

　周りの人と交換したり，インターネット上で発表したりして，感想文を書き合いましょう。「19. 感想文を書こう」（P.103）を参考にしてください。

✱ どんな意味があるの？

　パターンは繰り返し表れる可能性のあるものですから，複数の出来事を関連づけることができます。パターンを意識しながら文章を展開すると，論旨が一貫します。

　世の中の出来事からパターンを見つけることは，世の中を理解することに役立ちます。また，あなたの理解をもとに，世の中に提言をしていくことも可能になります。ふだんから，出来事に対する「印象」のフェルトセンスをよく感じ，パターンを見つけてみましょう。「からだの感じ」は，個人の内面の問題だけでなく，社会的問題を考えるときにも，よりどころになります。

　このワークで書いたような，経験や出来事に短いコメントを付す文章は，日常生活で最も書く機会の多いものです。経験や人柄が問われるタイプの試験小論文にも使えます。

シート8　パターンシート（出来事）　　　作成例1

①出来事1　※強い印象を受けた出来事を1つ書く→大事なところに下線を引く

ある日の新聞の投書欄。ある主婦の投稿。夕食の準備を終えて家族が帰宅するまでの1時間，その主婦は新聞を音読することを始めたという。時間を有効に使うことと，健康のためというのが理由。最後は「夫や家族を待つひとりの時間は実に充実して楽しいひとときです」と結ばれている。

②パターン　※出来事1に表れているパターンを書く

専業主婦は夫と家族と自分のためだけに時間を使えばよいと考えられている。

③出来事2　※パターンがあてはまるほかの出来事，または裏返しや反対の出来事を書く

友人の母親。専業主婦だけれどもとても活発。PTAの役員もやり，学校にもよく来ていた。教育熱心なので，友達の勉強とか成績にすごく口出ししてくるのかなと思ったら，そうでもないらしい。PTAの会合などで家にいないことも多く，そのときは友達が家事をやる。えらい！　学校のPTA連合のようなところの役員もやっている。その関係で，外国からオーケストラをよんだ。しかも託児サービス付き。親と子どもが一緒に楽しめる音楽会。その他のボランティア活動も。タイの学校に文房具を送る活動。タイに行ってきたという。（反対の出来事）

※パターンを網かけで示しました

14. 社会に提言しよう

◀ シート9 **下書きシート（パターン型）**　　　　　　　　　　作成例1

(1) **タイトルをつける**　※最後に決める
　　専業主婦も社会貢献を

(2) **問題を提起し結論を書く**　※新たに書く ◀ シート8 ②を使う
　　いまの日本では、専業主婦は夫と家族と自分のためだけに時間を使えばよいと考える人も多い。しかし、専業主婦は家庭を営むことを基礎として、積極的に社会にかかわっていくべきだと思う。

(3) **出来事1を書く**　※細部をいきいきと書く ◀ シート8 ①
　　ある日の新聞に、主婦の投稿が載っていた。夕食の準備を終えて家族が帰宅するまで、新聞の音読を始めたという。時間を有効に使うことと、健康のためであるという。目標は気持ちのよい声で滑らかに読むことで、興味をもった記事は、何日か後にまた音読する。「夫や家族を待つ一人の時間は実に充実して楽しいひとときです」と結ばれていた。短い文章であり、この主婦が生活のひとこまを書いただけなのは理解できる。しかし、私はこの記事に違和感を覚えた。新聞には、悲惨な事件や社会問題など、何かをせずにおれない気持ちになる記事が多い。健康のために気持ちのよい声で音読し、幸せに家族の帰りを待つ気持ちになれる記事が、どれほどあるだろう。この主婦がどう考えたかはわからないが、このような時間の過ごし方がほほえましいと掲載される背景に、専業主婦は自分と家族のことだけを考えていればよいという考え方があると感じられた。

(4) **パターンを書く**　※少し変形させると、なおよい ◀ シート8 ②
　　専業主婦は夫と家族のことだけを考えていればよいとする風潮は根強い。

(5) **出来事2を書く**　※細部をいきいきと書く ◀ シート8 ③
　　この記事を読んで、高校時代の友人のお母さんを思い出した。専業主婦だがとても活動的だ。PTA役員をかって出て、学校にもよく来ていた。教育熱心なので勉強に口出しするのかと思ったら、そうでもない。PTAの会合で家にいないことも多く、そのときは友人が家事をする。PTA役員として、外国からオーケストラを呼び、託児サービス付き音楽会を企画したこともある。タイの学校に文房具を送る活動の代表としてタイにも行った。昔、英語を使う仕事をしていたので、英語でメールが書け、会話もできるので頼りにされている。友人もお母さんのことをうれしそうに話す。

(6) **パターンを書く**　※必要に応じて変形させたり、裏返したり反対にしたりする ◀ シート8 ②
　　友人の母親は自分の子どもの教育から視野を広げ、地域や世界に目を向け行動するスーパー主婦だ。

(7) **提言を書く**　※パターンを使って書く。裏返しや反対のパターンを使ってもよい ← 新たに書く
　　どんなふうに生きようと個人の自由だし、家庭のことはその家族さえよければよいという意見もあるかもしれない。しかし、私は、あえて個人や家庭の問題ではないと言いたい。人間は1人では生きていけないし、どんな家庭も社会と無関係に成立することはできないだろう。だから、自分や家族の幸せを願うならば、社会に貢献していくべきである。それは、専業主婦であってもなくても同じことだ。1人の大人として社会に対して何ができるかを考えられる人でありたいものだ。

※パターンを網かけで示しました　　　　　　　　→このあと、さらに清書をして仕上げます。

シート8　パターンシート（出来事）　　　　　　　　　　作成例2

①**出来事1**　※強い印象を受けた出来事を1つ書く→大事なところに下線を引く
昨年の10月ごろ。大学の帰り。電車のなか。空き缶がコロコロころがっていた。<u>乗客はみんな見て見ぬふり</u>。途中駅で乗ってきた女子高校生が「私が捨ててあげる。<u>だってかわいそうじゃん</u>」と言って拾った。その子は空き缶を持ったまま友達とほかの話をしていた。その子が降りた駅のホームにゴミ箱があって、空き缶をゴミ箱に入れて行くのが見えた。

②**パターン**　※出来事1に表れているパターンを書く
高校生の電車内のマナーは大人よりもよい。

③**出来事2**　※パターンがあてはまるほかの出来事、または裏返しや反対の出来事を書く
山手線の新宿駅。目の不自由な方が乗ってきた。ドアのところのポールにつかまったが、人の波に押されていた。高校生風の男の子が座っていた席から立ち上がってその人の腕を引っ張り、自分がいた席まで連れて行って座らせた。その動作がすごくすばやかったので感心した。

※パターンを網かけで示しました

14. 社会に提言しよう

| シート9 | 下書きシート（パターン型） | 作成例2 |

(1) タイトルをつける　※最後に決める
「だって，かわいそうじゃん」

(2) 問題を提起し結論を書く　※新たに書く　シート8 ②を使う
　若者のマナーの欠如が取り沙汰されることが多い。しかし，マナーの善し悪しは年齢の問題ではない。むしろ，大人が若者に学ぶべき点もあるのではないだろうか。

(3) 出来事1を書く　※細部をいきいきと書く　シート8 ①
　昨年10月ごろ，大学の帰りに電車に乗った。座って電車が動き出したとたん，目の前の通路を空き缶が1つ移動していった。あっちへコロコロ，こっちへコロコロ，電車の動きにつれて，車両の端まで行って戻ってくる。ほかの乗客も気づいていたし，なかにはじっと見ていた人もいた。
　3つ目の駅で，制服姿の女子高生が数人乗ってきた。転がる空き缶を見て，1人がすぐに「私が捨ててあげる。だってかわいそうじゃん」と拾い上げた。その子は空き缶を持ったまま，おしゃべりに花を咲かせていた。乗換駅でその子たちが降りたとき，その子が空き缶をゴミ箱に入れて行くのが見えた。電車が動き出して静かになった車内に，なんとなく気まずい雰囲気が流れた。

(4) パターンを書く　※少し変形させると，なおよい　シート8 ②
　自分よりも若い高校生が，気づいたことをすぐに実行に移していた。私は少し恥ずかしかった。

(5) 出来事2を書く　※細部をいきいきと書く　シート8 ③
　それから1週間ほど経った日，新宿駅で，混んでいる電車に，白杖を持った目の不自由な方が乗ってきた。その方は，乗ってすぐドア近くのポールにつかまった。人の波に押されていたが，危険でもなかったので，私はそれでいいかなと思った。そのとき，ドアから少し離れたところに座っていた高校生風の男の子がさっと立ち上がり，その方の腕を引いて自分のいた席まで連れて行き，あっという間に座らせてしまった。その行動がすばやかったので，その方は電車が動き出す前に座ることができた。とっさのときにあんなふうに行動できるのはえらいと思った。
　私も席は譲るように心がけているが，ほかの乗客に「いいかっこうしている」と思われたくないという妙な気遣いもある。

(6) パターンを書く　※必要に応じて変形させたり，裏返したり反対にしたりする　シート8 ②
　自分がやろうと思ったことを迷いなくやっている高校生の姿を見て，純粋さを感じた。

(7) 提言を書く　※パターンを使って書く。裏返しや反対のパターンを使ってもよい　←新たに書く
　多くの人に，若い＝（イコール）マナーが悪いという先入観があると思う。しかし実際には，見て見ぬふりをしている大人が多いなかで，大人以上にマナーを守っている若者もいる。気持ちを素直に表すことや，周りを気にせず迷わず行動する純粋さが，大人になるにつれて薄れてしまうのかもしれない。ときには自分より若い人に学ぶ姿勢も大切である。

※パターンを網かけで示しました　　　　　→このあと，さらに清書をして仕上げます。

15 交差とは（解説）

ねらい：「交差」により思考が深まることを知る
方　法：昔話を例として用いる

✳ 「交差」とは？

　ここでは「**交差**」（crossing）を学びます。「交差」とは「ある実例が示唆することが，別の実例にもあるとすること」です。ある実例から見つけたパターンを，別の実例のパターンであると考えることを，「パターンと実例を交差させる」といいます。パターンは一般的なものなので，ほかの実例にも適用できるのです。

　「12．パターンとは」（P.66 参照）では，「うらしま太郎」の話から，パターンを見つけました。どんなパターンが見つかりましたか。「うらしま太郎」は，日本の古い伝説で，細部が異なる話が多く伝えられていますが，おおむね次のような内容です。

　ある日，浜で，子どもたちにいじめられている亀を助けたうらしま太郎は，お礼にと亀の背中に乗せられ，竜宮城に案内されます。竜宮城では乙姫様に歓待され，3年間，楽しく過ごします。両親が心配になった太郎が村に帰りたいと申し出たところ，乙姫様は「けっして開けてはいけません」と言って玉手箱をくれました。太郎が村に帰ってみると，両親はおらず家もなく，すでに700年がたっていました。思わず箱を開けてしまった太郎は，中から立ち上る煙を浴びて，たちまちおじいさんになってしまいました。

　この話から，例えば「言いつけは守らなければならない（開けてはいけないといわれていた玉手箱を開けたら老人になってしまった）」といったパターンを見つけることが可能です。

　ここでは，さらに「うらしま太郎」を「うさぎとかめ」と交差させてみましょう。「うさぎとかめ」のパターン「油断大敵」を「うらしま太郎」と交差させてみます。「うらしま太郎」の話の中に「油断大敵」だといえる面はないかなあと感じてみてください。「『油断大敵』という『めがね』をかけて『うらしま太郎を見る』」と比喩的に言うこともできます。これが「交差」です。何か見えてくるものがありませんか？

15. 交差とは（解説）

「う〜ん」と「からだの感じ」で考えてみましょう。

太郎は竜宮城で楽しく過ごしていました。このとき太郎は油断していたのではないでしょうか。だから時を忘れて遊んでいたのです。そう考えると「楽しい時間は早く過ぎる（から気をつけなければならない）」という新しいパターンを見つけられます。これがパターンと実例の交差です。

実例と実例を交差させることもできます。「うさぎとかめ」では亀がかけっこに勝ちました。「うらしま太郎」では亀が太郎を竜宮城に連れて行ってくれました。ここから「一見、愚鈍な亀が、実はすばらしい力をもっている」というパターンを見つけることができます。もっと一般化すれば、「能力がなさそうに見える人が、実は非凡な才能を持っている」ということも可能です。「能ある鷹は爪を隠す」というわけです。

実際の作業では、パターンと実例の交差、実例と実例の交差は、厳密に区別できるものではありません。「12. パターンとは」（P.66参照）で述べたように、パターンと実例はクラスター（房）状につながっているからです。

✳ ワーク

「交差させる」を、実習しましょう。このワークは3〜5名程度のグループで行います。5〜6組つくれると理想的です。

「12. パターンとは」（P.66参照）で3つの物語から見つけたパターンを、次の1〜4の物語にあてはめ、見えてくるものを話し合います。「パターンと実例」、「パターンとパターン」、「実例と実例」といろいろ試してみましょう。最後に、このワークで感じたこと、気づいたことを、全体で話し合いましょう。よく知られているほかの物語でも行ってみましょう。

1. シンデレラ　　2. ピノキオ　　3. ありとキリギリス　　4. マッチ売りの少女

✳ どんな意味があるの？

パターンは一般化できるものなので、多くの異なる実例に適用することができます。また、同じパターンを適用することによって、多くの異なる実例を関係づけることができます。実例をフェルトセンスの1つの側面であると考えると、フェルトセンスの中に立体が見えてくるイメージです。実例の数は無数に増やすことができますが、まずは、2つの実例を使って、「交差」を理解しましょう。

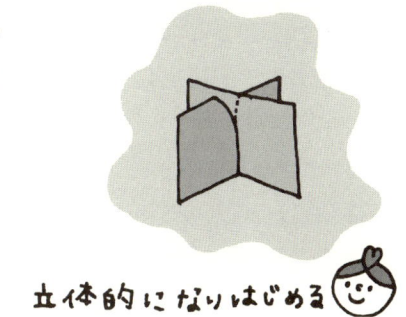

立体的になりはじめる

16 自己PR文を作ろう

ねらい：「パターン」「交差」を使って自己理解を深める
方　法：自分の経験からパターンを見つけて交差する

❋ どんなワーク？

　就職，転職，アルバイト等，仕事探しを経験する人は多いことでしょう。ここでは，「パターンを引き出す」「交差させる」を使って，自己PR文を書きます。「からだの感じ」を使って作るので，自分自身が納得できるPR文ができます。自己PR文を書くことで，自分についての理解が深まり，自分に自信がもてるようになります。書く過程で，新しい自分が発見できるかもしれません。

❋ 手順は？

　このワークは3つのワークが組み合わさっています。それぞれを独立して行うこともできます。最初に，フェルトセンスを感じながら「ライフライン」を描いて人生を振り返り，自己PRの素材とする経験を選定します。次に2人1組になり，その経験についてインタビューをし合います。最後に，経験からパターンを見つけて交差させ，自己理解を深め，自己PR文を書きます。

❋ 最初のワーク

感じるワーク >>>

手順0 > 準備

　このワークは1人で行います。大きめの白い紙を用意します。

手順1 > 「しあわせ度」のグラフを準備する

　線グラフを書きます。まず目盛りを作ります。縦軸は自分の**しあわせ度**，横軸は「年齢」です。生まれてから現在までのすべての期間でもかまいませんが，「この10年間」など，自分の好きな期間で区切ることもできます。大学生の場合は，入学の半年くらい前から少し先までを対象とするとよいようです。

　「しあわせ度」は，−100%から100%まで，20%ごとくらいに目盛りを入れます。「年齢」は「何歳何か月」等と大まかに区切ってください。「年齢」でなく「学年」や「年月」にしてもかまいません。

手順２〉一番しあわせだったときを感じる

　目盛りができたら，リラックスして深呼吸します。そして，身体の内側に「いま，私はしあわせかなあ」と問いかけ，あなたの「しあわせ度」を感じてみます。次に「（グラフの期間のなかで）一番しあわせだったのはいつかなあ」と自分に問いかけます。そのときの「しあわせ度」を100％とします。

手順３〉「しあわせ度」をグラフに表現する

　期間内の最初に戻り，過去から現在，未来へと，期間内の「しあわせ度」を線で表現していきます。「しあわせ度」が高いときは上，低いときは下と動きながら，曲線の連続を描いていきます。基準よりも「しあわせ度」が高い時期を思い出したら，100％を超えてもかまいません。縦の目盛りは－100％までありますが，使わない範囲があってもかまいません。

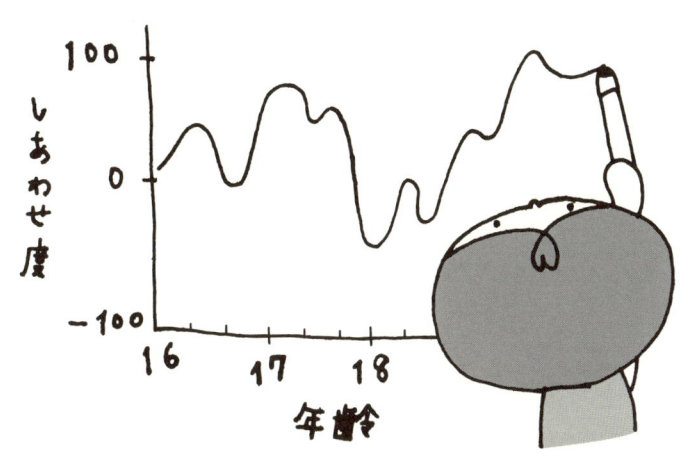

　深く考えず，「からだの感じ」に照らし合わせながらフェルトセンスの微妙な感じを線で表現する気持ちで行います。曲線を書きながら，いろいろな出来事を思い出すことでしょう。思い出したことを，グラフのなかに，「Aさんのこと」「入院」「試験合格」などと簡単にメモしておきます。ほかの人にわからなくてもかまいません。年表を作っているわけではないので，細かく書く必要もありません。大事なことを簡単に書きとめます。出来上がった曲線を**ライフライン**と呼びます。

　　　参考文献『心のライフライン―気づかなかった自分を発見する―』（2000）河村茂雄　誠信書房

✲ ２番目のワーク

分かち合うワーク 〉〉〉

　このワークは，２人１組で行います。「話し手」「聞き手」を決め，あとで役割を交代します。

　「話し手」は，ライフラインの曲線が右上がりになっている箇所を２か所選び，「聞き手」に示しながら，「ここについて質問してください」と希望を伝えます。「話し手」に希望がない場合は，「聞き手」が選んで質問します。質問は１か所ずつ行います。

手順１〉経験をいきいきと話す

　「聞き手」は「話し手」に，「このときの経験を話してください」と言います。「話し手」は，その時期の「しあわせ度」を，「この感じ」として感じ直します。そのフェルトセンスを感じながら，その時期の代表的な経験を，２分程度で話します。6W2H（P.56参照）が入るように気をつけながら話します。

手順2〉経験のよかった点を話す

「聞き手」は「話し手」に、「その経験の、あなたにとってよかった点を教えてください」と尋ねます。「話し手」は1分程度で答えます。

手順3〉性格の長所を話す

「聞き手」は「話し手」に、「その経験に、あなたの性格のどのような点が、役立ちましたか」と尋ねます。「話し手」は1分程度で答えます。1か所目が終わったら、2か所目も同様に行います。右上がりの箇所が1か所しかない場合は、その期間のなかの2つの経験を話します。

2か所とも終わったら、話し手と聞き手の役割を交代します。

✳ 3番目のワーク

感じ・考えるワーク 〉〉〉　　　　　　　　　　　　　　　　　　　◀ シート10 P.86,88

手順0〉準備

このワークは1人で行います。パターン交差シート（自己PR）をダウンロードします。または、白い紙に必要に応じて枠を作り、作成例にならって進めます。◀ シート10

手順1〉経験を詳しく書く

2番目のワークで取り上げた代表的経験を、**経験1**、**経験2**とし、そのときの「しあわせ度」が増加している感じを感じ直します。経験1,2の内容を書きます。大事なところに下線を引いておきます。どこが大事かは、フェルトセンスに照らし合わせて決めます。◀ シート10 ①②③

手順2〉経験からパターンを見つける

経験1,2に表れている自分の性格の長所を、ほかの経験にも適用できる一般的なパターンとして見つけます。右上がりの曲線をイメージしながら、そのときのフェルトセンスを感じ直すような気持ちで行います。さきほどのインタビューで答えたことをそのまま書いてもかまいません。新しく浮かんだことがあったら、それを書いてもかまいません。手順1で下線を引いた言葉を使って作るのもよいでしょう。◀ シート10 ④⑤

パターンの例をあげます。これにこだわらず、それぞれの経験に合わせて作りましょう。

長所を表すパターン例

・自分で目標を設定して努力する	・物事に取り組むときに自分なりの工夫を加える
・目標に向かってこつこつ努力する	・苦手なことにも積極的に取り組む
・好奇心が旺盛で新しいことに挑戦する	・あきらめずに粘り強く取り組む

手順3〉パターンを交差して適用する

パターンと実例（経験）を交差します。パターンは一般化できるものですから、経験1から見つけたパターンを、経験2に適用することができるはずです。経験2にパターン1が含まれていると仮定して、「う〜ん」と「からだの感じ」で考えてみましょう。何か気づくことはありませんか？

16. 自己PR文を作ろう

「パターン1をめがねにして経験2を見る」と比喩的に表現することもできます。

「めがね」を変えると，同じものが少し違って見えます。同じことの違った局面がはっきり見えるようになります。この作業に正解はありません。あなたの経験の新たな面が見つかって，あなたのフェルトセンスが「そうとも言えるな」と応じてくれれば，それでよいのです。ここは発想を広げる段階です。気づいたことを書きましょう。大事なところに下線を引いておきます。 ◀ シート10 ⑥

作成例1（P.86参照）では，経験1のアルバイトの経験から「一度決めたらやり抜く」「負けたくない気持ちが強い」の2つのパターンを見つけました。これを経験2の簿記の勉強の経験にあてはめ，このなかに「一度決めたらやり抜くという面はないかな」「負けたくない気持ちが強いという面はないかな」と考えました。そして，「自分の意志をしっかりともてる」「周りに流されないで，自分なりにがんばれる」と，気づいたことをメモしました。

同様に，パターン2を「めがね」にして経験1を見て，気づいたことを書きます。 ◀ シート10 ⑦

手順4〉長所を箇条書きにする

「交差」で広げた発想をまとめていきます。「交差」によって，2つの別々の経験のいずれにも，自分の長所が働いていたと気づいたことでしょう。ここまでの段階で気づいた自分の長所を，3つ以内の項目に箇条書きにします。手順3で下線を引いた言葉を使って作るとよいでしょう。さらに，箇条書きのなかの大事なところに下線を引いておきます。 ◀ シート10 ⑧

手順5〉長所を一文で表現する

これまでの作業全体を見渡しながら，自分の「しあわせ度」が上昇しているときのフェルトセンスをもう一度感じます。そのときの自分の長所を，「私は〇〇です」または「私は〇〇ができます」の形で表現しましょう。手順4で下線を引いた言葉を使って作るとよいでしょう。

いくつかの文を作り，フェルトセンスに照らし合わせて選ぶのもよい方法です。ここで作った文を**一文表現**と呼びます。

一文表現ができたら，それをもとに，自分を何かにたとえてみます。「5. 比喩のワーク」（P.24参照）の要領で，「からだの感じ」を使って考えます。動物，食べ物，乗り物，道具など，身近なものにたとえてみましょう。 ◀ シート10 ⑨

手順6〉補足説明や理由を書く

最後に，一文表現や比喩表現の補足やそのように言える理由を書いておきます。 ◀ シート10 ⑩

書き・交わすワーク 〉〉〉

▶シート11 P.87,89

「感じ・考えるワーク」で作ったシート10をもとにアウトラインを作り，シート11に下書きをします。ここでは，キャッチコピー型アウトライン（P.58参照）を応用して使います。この方法を使うと，一文表現やマイセンテンスがキャッチコピーとなり，読む人や聞く人にインパクトを与える自己PR文を書くことができます。ライフラインの曲線を上っているときのフェルトセンスを感じ直すつもりで書きましょう。 ▶シート10 → ▶シート11

キャッチコピー型アウトライン（自己PR用）

(1) 一文表現または比喩表現＝キャッチコピー（私は〇〇です） ▶シート10 ⑨
(2) キャッチコピーの簡単な説明（なぜならば……） ▶シート10 ⑩
(3) 経験1（例えば，こんなことがありました……） ▶シート10 ②
(4) 経験2（また，こんなこともありました……） ▶シート10 ③
(5) 長所のまとめ（このように私は……） ▶シート10 ⑧
(6) キャッチコピー（だから，私は〇〇です）※少し変形してもよい ▶シート10 ⑨

これは基本形です。自己PR文の提出先から求められている文の長さによって，適宜，応用してください。

手順0 〉準備

下書きシート（キャッチコピー型）をダウンロードします。または，白い紙に必要に応じて枠を作り，作成例にならって進めます。このワークは1人で行います。 ▶シート11

手順1〜6 〉（共通）

キャッチコピー型アウトラインの詳細は，「11. マイセンテンスから書こう」の「書き・交わすワーク」手順1〜6（P.58）を見てください。自己PR文でも，経験の細部を落とさず詳細に，いきいきと書くことが非常に重要です。「いきいきと書くコツ」（P.56）も参考にしてください。

分かち合うワーク 〉〉〉

手順1 〉清書をする

出来上がったら清書をします。誤字脱字をチェックし，書式を整えます。

手順2 〉読み合う

出来上がった自己PR文を，2番目のワークのペアで，読み上げ，発表し合います。次の点から，気づいたことをフィードバックし合いましょう。

・十分に長所がPRできていますか。遠慮せずに自分をPRしましょう。
・キャッチコピーは覚えやすい表現になっていますか。
・ひとりよがりの表現やわかりにくい表現はありませんか。
・経験がいきいきと伝わってきますか。

手順3〉加筆修正する

ペアの相手からもらったフィードバックを参考に，自己PR文を加筆修正します。できたら，グループやクラスで，口頭で発表し合いましょう。

✴ どんな意味があるの？

自己PR文に比喩表現を使うのは非常に効果的です。豊かな意味を短い言葉に込めることができるので，自分の性格を独創的で，覚えやすい表現で伝えることができます。また，ユーモアがあると，楽しく，受け入れられやすい自己PR文になります。

長所のパターンを見つけるとき，「からだの感じ」を使って「う～ん」と考えたことでしょう。言葉が出てくるとき，「からだの感じ」も一緒に変化します。自分に自信がもてるようになります。

実際に就職活動で使用する自己PR文は，提出先企業の業種や社風を考慮して書く必要があります。基本となる自己PR文を1編作っておき，細部を変更するとよいでしょう。何通りか作っておくのもよい方法です。「もしこの業種で働くとしたら」と架空の設定で書いてみることが，自己発見につながることもあります。

シート10　パターン交差シート（自己PR）　　　作成例1

①「しあわせ度」が増加している時期を2か所選び，そのときの経験を思い出し，よく感じる

※経験を詳しく書き，長所となるパターンを見つける→大事なところに下線を引く

②経験1
高校3年の2月，アルバイトを始めた。「初めてでもていねいに教えます」という言葉にひかれて決めたけれども，実際は違った。私の教育係Mさんはとても厳しかった。始めたばかりで辞めたいと思ったけれど，一生懸命がんばった。

④パターン1（長所）
一度決めたらやり抜く
負けたくない気持ちが強い

③経験2
大学の講座で簿記を受け，試験を受けたが，結果は，惜しくもあと1点というところで不合格に終わった。悔しくてまた受けることにした。今度は講座で勉強した知識をもとに書店で本を買って，自分で勉強を始めた。継続できるかどうか不安だったが，合格することができた。

⑤パターン2（長所）
こつこつと長時間継続する
最後まであきらめない

※交差して気づいたことを書く→大事なところに下線を引く

⑥パターン1を経験2に適用して気づく長所
1人でも自分の意志をしっかりともてる
周りに流されないで，自分なりにがんばれる

⑦パターン2を経験1に適用して気づく長所
自分の仕事は最後までやり通す
自分なりのベストを尽くす

⑧長所をまとめ箇条書きにする（3つ以内）→大事なところに下線を引く
目標がしっかりしていると，達成するまであきらめないで全力でがんばる
気が強い，負けず嫌い，流されない

⑨長所を一文で表現する。また，比喩を使って表現する
一文表現：一度決めたら意志を強くもってやり抜く
比喩を使った表現：でんしんばしら（電信柱）

⑩一文表現や比喩を使った表現の補足　※説明や理由を簡潔に書く
決めたらずっと立ち続ける。ぶつかられても動かず，周りに流されず自分の役目をまっとうするから。

16. 自己PR文を作ろう

| シート11 | 下書きシート（キャッチコピー型） | 作成例1 |

(1) **キャッチコピー（一文表現または比喩を使った表現）を書く** ※例：私は○○です ◀ シート10 ⑨
　　私は雨にも風にも負けない電信柱です。

(2) **キャッチコピーを簡単に説明する** ※ほかの人にわかりやすい表現で書く ◀ シート10 ⑩
　　決めたらずっと立ち続けます。動かず，流されず，自分の役目をまっとうします。

(3) **経験1を書く** ※細部をいきいきと書く。必要に応じてパターン1を書く ◀ シート10 ②
　　例えば，高校3年の2月に始めたアルバイトです。それまでバイトをした経験がなかったので，「初めてでもていねいに教えます」というフレーズにひかれて，Aデパートにある「B飲食店」で働くことにしました。しかし実際には，私の教育係Mさんはとても厳しい人でした。忙しい時間の合間に教えてくれるので，途中で終わってしまうこともありました。最後まで聞けなかった仕事の内容を質問すると，「仕事は一度で覚えなさい」と叱られ，初めてのバイトだったのでとても落ち込みました。辞めようかとも思いましたが，「あの子はこんな仕事もできないのか」と思われたくなかったので，必死でがんばりました。家に帰ったら，その日教わったことを忘れないようにメモし，頭の中でイメージするようにしました。あっという間に3か月経ち，1人で仕事を任せてもらえるようになりました。

(4) **経験2を書く** ※細部をいきいきと書く。必要に応じてパターン2を書く ◀ シート10 ③
　　また，大学1年の6月に大学の簿記講座を受けたときのことです。大学に入学したばかりで，慣れないなかでの勉強は精神的にとても疲れました。受験の結果は，あと1点のところで不合格に終わりました。それがとても悔しくて，1月にまた受けることにしました。今度は講座で習得した知識をもとに，書店で本を買って，1人で勉強を始めました。1人で継続できるかどうか不安でした。しかし，2回目の受験勉強では簿記の面白さを知ることができました。1度目の受験ではまだ理解しきれていなかったところがわかり，不合格でよかったとさえ思えました。最後まであきらめないでがんばることができ，無事，合格することができました。

(5) **長所をまとめる** ※経験とキャッチコピーをつなぐ ◀ シート10 ⑧
　　このように，私は，意志を強くもって目標達成のために努力する人間です。

(6) **キャッチコピーを書く** ※最初のキャッチコピーを少し変形してもよい ◀ シート10 ⑨
　　一度決めたら動かず目標をまっとうする電信柱の月岡花子を，よろしくお願いします。

→このあと，さらに清書をして仕上げます。

シート10　パターン交差シート（自己PR）　　作成例2

①「しあわせ度」が増加している時期を2か所選び，そのときの経験を思い出し，よく感じる

※経験を詳しく書き，長所となるパターンを見つける→大事なところに下線を引く

②経験1	④パターン1（長所）
友達に<u>笑顔</u>がたえない人だと言われる。友達も多いほうだと思う。以前読んだ本に「笑顔でいると自然と<u>人を呼ぶ</u>」と書いてあったが，笑顔でいると<u>本当に人</u>を呼ぶんです！　カフェでアルバイトをしていて，笑顔で接客していると，お客さんに「ありがとう」と言われる。それは私をさらに元気にしてくれる。本に書いてあったこと，本当だな，と日々，実感している。	笑顔をたやさない 自然と人が集まってくる
③経験2	⑤パターン2（長所）
いまのバイトは2年目。お店が混んでくると，みんなが焦ってくるのがわかるので，<u>みんなを落ち着かせる</u>ようにする。もともと，のほほんとしているが，忙しいときほど<u>焦らず</u>に作業する。混んできたときは新人に「いつでも呼んでね」と声をかけておく。待ってもらったお客さまに，自分からも「お待たせしました」と声をかける。	追い込まれたときに力を発揮する 縁の下の力持ち

※交差して気づいたことを書く→大事なところに下線を引く

⑥パターン1を経験2に適用して気づく長所	⑦パターン2を経験1に適用して気づく長所
追い込まれたときでも<u>笑顔</u>をたやさずにいられる <u>笑顔で周りを支える</u>	継続することができる <u>好きな仕事をさらに好きにする</u>

⑧長所をまとめ箇条書きにする（3つ以内）→大事なところに下線を引く
　　追い込まれても<u>笑顔でいられる</u>
　　<u>まわりを明るくする</u>

⑨長所を一文で表現する。また，比喩を使って表現する
　　一文表現：周りを笑顔にする，ほっとさせる
　　比喩を使った表現：笑顔の鏡，コーヒー，色にたとえたらオレンジ

⑩一文表現や比喩を使った表現の補足　※説明や理由を簡潔に書く
　　ニコニコしていて見る人を笑顔にする（笑顔の鏡），飲むとほっとしてシャキッとする（コーヒー）

16. 自己PR文を作ろう

| シート11 | 下書きシート（キャッチコピー型） | 作成例2 |

(1) キャッチコピー（一文表現または比喩を使った表現）を書く　※例：私は○○です　シート10 ⑨
　　私を色にたとえると，オレンジ色です。

(2) キャッチコピーを簡単に説明する　※ほかの人にわかりやすい表現で書く　シート10 ⑩
　　家族や友人に「いつもにこにこしている」と言われるからです。常に笑顔をたやさず，前向きでいるよう心がけています。周りを明るくする太陽の光の色，オレンジ色です。

(3) 経験1を書く　※細部をいきいきと書く。必要に応じてパターン1を書く　シート10 ②
　　私は新宿都庁付近のカフェでアルバイトをしています。朝7時から営業していて，通勤途中のお客様がたくさんいらっしゃいます。朝は満員電車に揺られてちょっと疲れ気味の方を笑顔でお迎えするのが私の仕事です。「おはようございます！」。笑顔であいさつすると，疲れた顔だった方がニコッとほほえんでくださったり，「いつもありがとう」と言われたりします。逆にこちらが元気をもらうこともあります。笑顔でいると相手も笑顔になると，日々，実感しています。

(4) 経験2を書く　※細部をいきいきと書く。必要に応じてパターン2を書く　シート10 ③
　　私の笑顔は，忙しいときにも力を発揮します。お店が混んでくると，スタッフが焦ってくるのがわかります。そんなときは，新人に「いつでも呼んでね」と声をかけておきます。お待たせしたお客様には奥にいるときでも「お待たせしました」と笑顔で声をかけるようにします。一見，のんびりしているように見られますが，縁の下の力持ちです。「山川がいると安心して仕事ができる」とか「お店が明るくなる」と言われます。2年間継続しているカフェのアルバイトでは，スタッフのリーダー役として働いています。

(5) 長所をまとめる　※経験とキャッチコピーをつなぐ　シート10 ⑧
　　このように，私は，笑顔で周りを明るくする人間です。

(6) キャッチコピーを書く　※最初のキャッチコピーを少し変形してもよい　シート10 ⑨
　　さわやか笑顔のオレンジ娘，山川明美を，よろしくお願いします。

→このあと，さらに清書をして仕上げます。

17 資料を使って論じよう

ねらい：「パターン」「交差」を使って社会の問題を深く考える
方　法：新聞記事等の資料を使う

✳ どんなワーク？

　「パターンを見つける」「交差する」は，社会のあらゆる問題を考える際に使える思考法です。
　「14．社会に提言しよう」（P.71参照）では，出来事からパターンを見つけました。ここではさらに，パターンを交差させ，社会の出来事について，深く考えてみましょう。新聞記事を資料として用い，小論文に展開します。交差を使うと，さまざまな事象の奥にある関連性を引き出し展開する文章が書けるようになります。

✳ 手順は？

感じ・考えるワーク 》》》　　　　　　　　　　　　　　　　　　　　　　◀ シート12 ▶ P.94

手順0 〉準備
　パターン交差シート（2つの交差）をダウンロードします。または，白い紙に必要に応じて枠を作り，作成例にならって進めます。このワークは1人で行います。◀ シート12 ▶

手順1 〉新聞記事を集める
　日々の生活のなかで，興味をもった資料（書籍，雑誌記事，新聞記事など）を集めます。ここでは新聞記事を例にします。テーマを定めず，「気になる記事」を切り抜いておきます。
　新聞を定期購読していなければ，インターネットを利用して集めてみましょう。インターネット上のニュースサイトは，一定期間，主要な新聞記事が読めます。新聞記事のデータベースを利用して集めてもよいでしょう。大学生なら，多くの大学が新聞社と契約を結んでアクセス権を購入していますから，利用してみましょう。日々の生活のなかで「気になる言葉」をキーワードとして検索してみます。何度かキーワードを変えて検索し，「気になる」記事をプリントアウトします。
　集めた記事は一見，相互のつながりがないように感じられるかもしれませんが，かまいません。「気になる」感じはフェルトセンスです。あなたのフェルトセンスのセンサーに反応した記事を集めるわけです。記事は10編程度集めます。

手順2 〉「関連」がありそうな記事を2つ選ぶ
　集めておいた新聞記事のなかから，「関連がありそう」なものを2つ，選びます。この段階では，どのような「関連」なのか，はっきり言葉にできなくてかまいません。「関係がありそう」という

感じはフェルトセンスです。そのフェルトセンスをよく感じておきましょう。 シート12 ①

手順3〉新聞記事を要約する

選んだ記事を**資料1**，**資料2**とします。資料1，2の内容を書きます。大事なところに下線を引いておきましょう。どこが大事かは，フェルトセンスに照らし合わせて決めます。 シート12 ②③

手順4〉パターンを見つける

これらの資料から，ほかの事柄にも適用できる一般的なパターンを見つけます。「う〜ん」と「からだの感じ」で考えましょう。1つの資料から複数のパターンを見つけるときは3つ以内にします。手順3で下線を引いた言葉を使って作るとよいでしょう。 シート12 ④⑤

手順5〉パターンを交差して適用する

パターンは一般化できるものですから資料1から見つけたパターンを資料2に適用できるはずです。資料2に**パターン1**が含まれていると仮定し「関連がありそうな感じ」のフェルトセンスで感じます。気づくことはありませんか？「パターン1をめがねにして資料2を見る」と比喩的に表現することもできます（P.83参照）。気づいたことを書きます。 シート12 ⑥

作成例（P.94参照）では，「イラクの聖なる木」から見つけたパターン1「信仰心がある」を資料2「ゴーン氏のアドバイス」に適用してみた結果，「信仰心ではないが，やり方次第で状況は変わるという信念がある」，と気づきました。

ここは発想を広げる段階です。資料2の新しい面に気づき，フェルトセンスが「そうとも言えるなあ」と応じてくれれば，うまく展開しています。新しく気づいた大事なところに下線を引いておきます。同様に，**パターン2**を「めがね」にして資料1を見て，気づいたことを書きます。 シート12 ⑦

手順6〉交差で気づいたことを箇条書きにする

交差で広げた発想をまとめていきます。交差で気づいたことを，3つ以内の箇条書きにします。手順5で下線を引いた言葉を使って作るとよいでしょう。さらに箇条書きのなかで，大事なところに下線を引いておきます。 シート12 ⑧

手順7〉交差で気づいたことの中心を一文で表現する

交差で気づいたことの中心を，短い1つの文で表現します。手順6で下線を引いた言葉を使って作るとよいでしょう。いくつかの文を作り，フェルトセンスに照らし合わせて選ぶのもよい方法です。ここで作った文を**一文表現**と呼びます。一文表現は小論文の結論になります。最後に，一文表現の補足やそのように言える理由を書いておきます。 シート12 ⑨⑩

補足〉〉〉

シート12の②→③→④→⑤は，順番を変え，まず資料1を要約してパターン1を見つけ，その次に資料2に進むというふうに，②→④→③→⑤の順で行ってもかまいません。また，新聞記事は「引用文献」として出典を書いておきましょう。資料の引用の仕方は「引用と出典明記」（P.108〜109）を参照してください。

書き・交わすワーク 〉〉〉　　　　　　　　　　　　　　　　　シート13 P.95

「感じ・考えるワーク」で作ったシート12をもとにアウトラインを作り，シート13に下書きをします。ここではパターン交差型アウトラインA型を使います。A型は，資料を書いたあとに，パターンを書きます。先にパターンを書いてから資料を書くB型を使って書くこともできます（P.98参照）。混ぜて使ってもかまいません。テーマにした「関連がありそうな感じ」のフェルトセンスから離れずに書くと，まとまりのよい文章になります。　シート12 → シート13

パターン交差型アウトライン（2つの交差）

【A型】資料を先に書く	
(2) 執筆の背景（新たに書く）	(7) 交差で気づいたこと シート12 ⑥⑦
(3) 資料1 シート12 ②	(8) 交差で気づいたことのまとめ シート12 ⑧
(4) パターン1 シート12 ④	(9) 結論（＝一文表現）の補足 シート12 ⑩
(5) 資料2 シート12 ③	(10) 結論（＝一文表現） シート12 ⑨
(6) パターン2 シート12 ⑤	(11) 引用文献

(1)タイトルは最後に決めます。【B型】はP.98を参考に応用してください

手順0 〉準備

下書きシート（パターン交差型 2つの交差）をダウンロードします。または，白い紙に必要に応じて枠を作り，作成例にならって進めます。　シート13

手順1 〉執筆の背景を書く

執筆の背景として，テーマとする事柄の社会的重要性や自分とのかかわり等を書きます。ここは新たに書きます。　シート13 (2)

手順2 〉資料1を要約し，パターンを書く

資料1とパターン1を書きます。資料の引用の方法は「引用と出典明記」（P.108～109）を見てください。　シート12 ②④ → シート13 (3)(4)

手順3 〉資料2を要約し，パターンを書く

資料2とパターン2を書きます。　シート12 ③⑤ → シート13 (5)(6)

手順4 〉交差で気づいたことを書く

交差で気づいたことを書きます。　シート12 ⑥⑦ → シート13 (7)

手順5 〉交差で気づいたことのまとめを書く

交差で気づいたことのまとめを書きます。手順4，手順5は，どちらか1つを省略してもかまいません。　シート12 ⑧ → シート13 (8)

手順6 〉先に結論の補足を書く

先に結論の補足を書き，結論へのつなぎとします。結論をていねいに言いかえたり，理由を説明しておきます。ここで話題を広げないように注意しましょう。　シート12 ⑩ → シート13 (9)

手順7 〉 結論を書く

最後に**結論**を書きます。手順6と7は順序を変えてもかまいません。 ◀ シート12 ⑨ → ◀ シート13 ⑽

手順8 〉 引用文献を明記する

本文末に引用文献を書きます。 ◀ シート13 ⑾

手順9 〉 タイトルをつける

最後に全体をよく感じ，タイトルをつけましょう。 ◀ シート13 ⑴

手順10 〉 清書をして読み合う

全体を見直します。テーマにしたフェルトセンスがよく表現されており，かつ，ほかの人にもわかる文章になっていることが必要です。誤字脱字をチェックし，書式を整えます。

周りの人と交換したり，インターネット上で発表したりして，感想文を書き合いましょう。「19. 感想文を書こう」（P.103）を参考にしてください。

✳ どんな意味があるの？

パターンは注意を向ければ見つけられるものであると同時に，知らず知らずのうちに使っているものでもあります。生まれ育った環境や背景にある文化は，私たちの「からだの感じ」にも深く入り込んでいます。「めがねなし」で物事を見るのは不可能だともいえます。ときには，わざと別のパターンをあてはめて感じ直してみることも必要です。違った面が見えてくるかもしれません。

このワークの方法を使うと，テーマを多面的に考察した文章が書けます。交差により深く関係づけられているので，多方面に言及しても拡散せず焦点が定まります。行き詰まりの打開，新企画の立案など，通常よりも一歩踏み込んだ思考が必要となる文章を書くときに適した方法です。

シート12　パターン交差シート（2つの交差）　　（作成例）

①興味をもった資料（新聞記事）のなかで「関連」がありそうなものを2つ選び，「関連」をよく感じる		
※資料を要約し，パターンを見つける→大事なところに下線を引く		
②資料1 イラクの首都バグダッドで，テロや戦争で傷ついた子どものために薬も買えない人が，ある1本の木を「聖なる木」とあがめ，傷ついた子どもたちの衣服を木に結び，快復への希望を託している。		④パターン1 信仰心がある 苦境のなかでもよりどころを求めることで希望を見いだす
③資料2 日産社長のカルロス・ゴーン氏が，投稿者からの質問に答える記事。仕事のできない上司に仕事をきちんとしてもらうにはどうすればよいかという部下の立場からの質問があった。ゴーン氏は，上司に直接「〜してほしい」と言うのではなく，「私が〜するために，あなたは〜してほしい」と，自分主体の言い方で上司に伝えてみればよいと答えていた。		⑤パターン2 自分主体で考えてみることで発想が転換できる
※交差して気づいたことを書く→大事なところに下線を引く		
⑥パターン1を資料2に適用して気づくこと ダメ上司の下で毎日働くことは一種の苦境と言えるだろう。そんななかでも自分をよりどころにすることで，希望を見いだせる。信仰心ではないが，やり方次第で状況は変わるという信念がある。	⑦パターン2を資料1に適用して気づくこと 政府に薬を求めるのではなく自分で神に祈ることは，自分主体で物事をとらえている。聖なる木に祈る人は，悲惨な状況で希望を見いだしている。これは発想の転換といえる。	
⑧交差で気づいたことをまとめ箇条書きにする（3つ以内）→大事なところに下線を引く 発想の転換によって自分を主体にすることが大事である 自分をよりどころにすれば，どんな状況でも希望は見つかる		
⑨一文表現（＝結論）　※交差で気づいたことの中心を一文で書く 自分主体で動けば，自分で事態を好転させることができる		
⑩一文表現の補足　※説明や理由を簡潔に書く 「〜してほしい」と相手主体で考えると，相手の行動を待つという受身の姿勢になってしまい，自分で環境をコントロールできない。しかし，自分主体で動けば，相手に働きかけることができ，自分で事態を好転させることができる。		

17. 資料を使って論じよう

◀ シート13 ▶　**下書きシート（パターン交差型 2つの交差）**　　作成例

(1)タイトル　※最後に決める
「私」主体で事態を好転させる

(2)執筆の背景（新たに書く）
　　ある新聞の，あまりきれいではない衣服が連なっている異様な写真が目に留まった。そばに車椅子に座る男の子と父親がいる。木が服に覆われている。この木は「聖なる木」だという。

(3)資料1　◀ シート12 ▶ ②
　　イラクの首都バクダッドの写真だった。テロや戦争で傷ついた子どものために薬を買えない人が，ある木を「聖なる木」と呼び，子どもの服をその木に結び，快復への希望を託しているという[1]。

(4)パターン1　◀ シート12 ▶ ④
　　私はこの記事を読んで切なくなる一方，人の信仰心というものについて考えさせられた。人間は，苦境のなかでも，よりどころを求めることで，同時に希望をも見いだすのではないかと思った。

(5)資料2　◀ シート12 ▶ ③
　　日産自動車社長のカルロス・ゴーン氏が，投稿者の質問に答える記事。仕事のできない上司に仕事をしてもらうにはどうすればよいかという質問だった。ゴーン氏は，「自分に引きつけて，『こういうやり方でサポートしてもらえれば私の実績も上がるんですけど』という言い方をすればいい」と答えていた[2]。

(6)パターン2　◀ シート12 ▶ ⑤
　　ゴーン氏の答えは，「相手に～してほしい」ではなく，「私が～する」という自分主体で考えるという発想の転換の大事さを説いている。

(7)交差で気づいたこと　◀ シート12 ▶ ⑥⑦
　　ゴーン氏の記事の自分主体で考える発想の転換を，聖なる木の記事にも見いだせるのではないか。政府に薬を求めるのではなく自分で神に祈ることは「自分主体で物事をとらえている」ことではないか。それによって，聖なる木に祈る人は，悲惨な状況下で希望を見いだしている。
　　聖なる木の記事の「人はよりどころを求めることで希望を見いだす」も，ゴーン氏の記事に通じる。ゴーン氏には，自分をより所にすれば希望は見つかるという信念がある。

(8)交差で気づいたことのまとめ　◀ シート12 ▶ ⑧
　　この2つの記事から読み取れることが2つある。自分を主体にする発想の転換が大事だということと，自分をより所にすればどんな状況でも希望は見つかるということである。

(9)結論（＝一文表現）の補足（説明や理由）　◀ シート12 ▶ ⑩
　　問題に直面すると，「～してほしい」と相手主体で考えてしまう。受身になり，環境をコントロールできなくなる。しかし，「私が～する」と自分主体で動けば相手に自分から働きかけられる。

(10)結論（＝一文表現）　◀ シート12 ▶ ⑨
　　どんな状況にあっても，自分主体で動けば，事態を好転させることができるのである。

(11)引用文献
　1）　2007年11月3日，朝日新聞　　2）　2007年11月10日，朝日新聞

→このあと，さらに清書をして仕上げます。

18 経験から論じよう

ねらい：「パターン」「交差」を使って，日々の経験を見つめ直してみる
方　法：個人的経験を深く掘り下げる

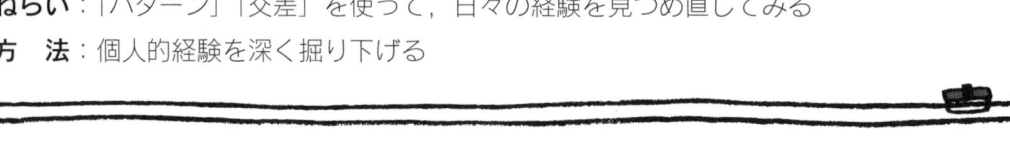

❋ どんなワーク？

　「思考する」というと，むずかしいことのように思っていませんか？　でも，そんなことはありません。私たちは日々，さまざまなことを経験しながら思考しています。経験から離れず，経験に基づいて思考することは，とても重要です。これまでのワークで学んだ「パターン」や「交差」を使えば，経験から思考することが，より簡単に，より効果的に行えます。このワークでは4つの経験からパターンを見つけ，交差させ，小論文を書きます。扱う経験の数を増やして交差させると，より多面的に掘り下げて思考することができます。

❋ 手順は？

感じ・考えるワーク 〉〉〉　　　　　　　　　　　　　　　　　◀ シート14　P.100
手順0 〉準備
　パターン交差シート（4つの交差）をダウンロードします。または，白い紙に必要に応じて枠を作り，作成例にならって進めます。このワークは1人で行います。◀ シート14
手順1 〉テーマを決める
　あなたは，何か長く続けていることはありませんか？　仕事でも趣味でもかまいません。組織やグループの役職（例：部長，マネージャー）でもよいでしょう。何か月以上という基準はありませんが，自分がそのことを十分に経験していて，それについて「何か」を知っている，そんなことをテーマにします。どんなことでもかまいませんが，「知っている感じ」のフェルトセンスがくっきりしていることが条件です。むずかしいときは，そのことに関する代表的な経験を1つ思い浮かべ，そのときのフェルトセンスを感じてみましょう。テーマを決めたら書きとめます。◀ シート14 ①
手順2 〉関係ある経験を4つ選んで書く
　長く続けてきたことですから，あなたはきっといろいろな経験をしたことでしょう。「知っている感じ」のフェルトセンスを感じながら，あなたにとって重要な経験を4つ思い出してみましょう。4つの経験は，なるべく，互いに似ていないものにします。4つの経験を，**経験1，経験2，経験3，経験4**とします。それぞれの経験を詳しく書きます。経験の大事なところに下線を引きましょう。どこが大事かは，フェルトセンスに照らし合わせて決めます。◀ シート14 ②③④⑤

手順3 》 パターンを見つける

次に，これらの経験からそれぞれ，ほかの経験にも適用できる一般的なパターンを見つけます。
◀ シート14 ⑥⑦⑧⑨

手順4 》 パターンを交差して適用する

1つの経験から見つけたパターンをほかの経験と交差させます。ほかの経験に，そのパターンがあると仮定して，テーマにした「知っている感じ」のフェルトセンスで感じます。気がついたことを書きます。まず，経験1から見つけた**パターン1**を経験2に適用します。パターン1をめがねにして経験2を見ると，比喩的に表現することもできます（P.83参照）。次に経験2から見つけた**パターン2**を経験3に適用します。**パターン3**を経験4に，**パターン4**を経験1に，と一巡します。余裕があれば，ほかの組み合わせ（パターン2を経験1に，パターン3を経験2になど）も行い，気づいたことを書きます。新しく気づいた大事なところに下線を引きます。 ◀ シート14 ⑩⑪⑫⑬

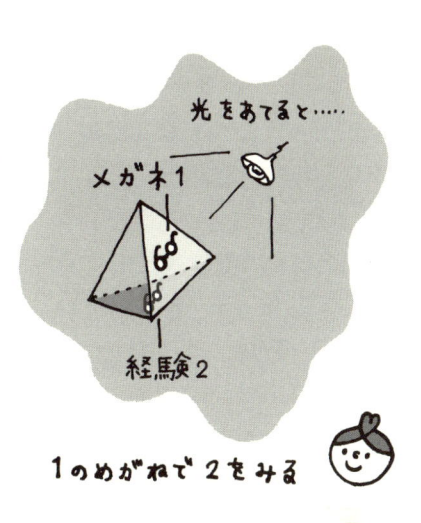

手順5 》 交差で気づいたことを箇条書きにする

交差して気づいたことを，3つ以内の項目に箇条書きにしましょう。パターンを見つけたり，交差させたりしたので，4つの経験の「関連する感じ」が，かなりはっきりとしてきているはずです。手順4で下線を引いた言葉を使って作るとよいでしょう。さらに，箇条書きのなかで大事なところに下線を引いておきます。 ◀ シート14 ⑭

手順6 》 交差で気づいたことの中心を一文で表現する

交差で気づいたことの中心を，短い1つの文で表現します。手順5で下線を引いた言葉を使って作るとよいでしょう。いくつかの文を作り，「どれがよいかなあ」とフェルトセンスに照らし合わせるのもよい方法です。ここで作った文を**一文表現**と呼びます。一文表現は小論文の結論になります。最後に，一文表現の補足やそのように言える理由を書いておきます。 ◀ シート14 ⑮⑯

補足 》》》

シート14の②〜⑨は，経験1を書いて，パターン1を見つけてから経験2を書くというふうに，順序を変えて行ってもかまいません。

書き・交わすワーク 》》》 ◀ シート15 P.101

「感じ・考えるワーク」で作ったシート14をもとにアウトラインを作り，シート15に下書きをします。ここではパターン交差型アウトラインB型を使います。B型は，先にパターンを書いてから経験を書きます。経験を書いたあとにパターンを書くA型を使って書くこともできます（P.92参照）。混ぜて使ってもかまいません。テーマにした「関連がありそうな感じ」のフェルト

センスから離れずに書くと，まとまりのよい文章になります。 ◀シート14 → ◀シート15

パターン交差型アウトライン（4つの交差）

【B型】結論・パターンを先に書く	
(2) 執筆の背景（新たに書く）	(9) パターン3 ◀シート14 ⑧
(3) 結論（＝一文表現）◀シート14 ⑮	(10) 経験3 ◀シート14 ④
(4) 結論（＝一文表現）の補足 ◀シート14 ⑯	(11) パターン4 ◀シート14 ⑨
(5) パターン1 ◀シート14 ⑥	(12) 経験4 ◀シート14 ⑤
(6) 経験1 ◀シート14 ②	(13) 交差で気づいたことのまとめ ◀シート14 ⑭
(7) パターン2 ◀シート14 ⑦	(14) もう一度結論（＝一文表現）◀シート14 ⑮
(8) 経験2 ◀シート14 ③	(15) 結論（＝一文表現）の補足 ◀シート14 ⑯

(1)タイトルは最後に決めます。【A型】はP.92を参考に応用して下さい

手順0〉準備

下書きシート（パターン交差型 4つの交差）をダウンロードします。または，白い紙に必要に応じて枠を作り，作成例にならって進めます。◀シート15

手順1〉執筆の背景を書く

執筆の背景として，テーマとする経験と自分とのかかわり等を書きます。ここは新たに書きます。◀シート15 (2)

手順2〉一文表現を書く

結論（＝一文表現）を書きます。◀シート14 ⑮ → ◀シート15 (3)

手順3〉一文表現を補足する

次につながるよう，必要に応じて補足します。◀シート14 ⑯ → ◀シート15 (4)

手順4〉パターンを見つける

パターン1を書きます。経験1のまとめを先に書くことになります。◀シート14 ⑥ → ◀シート15 (5)

手順5〉経験を書く

経験1を書きます。◀シート14 ② → ◀シート15 (6)

手順6〜11〉パターンと経験を書く

同様に，パターン2と経験2，パターン3と経験3……と書いていきます。気づきが得られそうなものを選んで行ってもかまいませんが，特定の組み合わせに偏らないよう注意します。
◀シート14 ⑦③⑧④⑨⑤ → ◀シート15 (7)(8)(9)(10)(11)(12)

手順12〉交差で気づいたことのまとめを書く

交差で気づいたことのまとめを書きます。4つの経験が関連づけられます。
◀シート14 ⑭ → ◀シート15 (13)

手順13〉結論を書く

結論（＝一文表現）を書きます。◀シート14 ⑮ → ◀シート15 (14)

手順 14 〉結論を補足する

　必要に応じて結論の補足をします。ていねいに言いかえたり，理由を説明したりします。ここで話題を広げないように注意しましょう。手順 13 と 14 は順序を変えてもかまいません。
◀ シート14 ⑯ → ◀ シート15 ⑮

手順 15 〉タイトルをつける

　最後に，全体をよく感じ，タイトルをつけましょう。◀ シート15 ⑴

手順 16 〉清書をして読み合う

　全体を見直しましょう。テーマにしたフェルトセンスがよく表現されており，かつ，ほかの人にもわかる文章になっていることが必要です。誤字脱字をチェックし，書式を整えます。

　周りの人と交換したり，インターネット上で発表したりして，感想を書き合いましょう。「19. 感想文を書こう」(P.103) を参考にしてください。

✳ どんな意味があるの？

　このワークでは 4 つの経験を扱いました。数に決まりはありませんが，ジェンドリン博士らのオリジナル TAE ステップでは 4 つになっています。面が 4 つあると立体が作れますね。立体的に思考するためには，4 つくらいの局面があるほうがよいのかもしれません。5 つ，6 つ……とさらに多くの経験を扱えば，より多面的に思考できるでしょう。交差を行うと，1 つの面の新たなところが気づかれ，面と面が関係づけられます。フェルトセンスのなかに立体が立ち上がってくるイメージです。まだ骨格はしっかりしませんが，フェルトセンスの広がりや奥行きが見えてくる感じです。

　経験の数が多くなると，組み合わせが増えるので，交差に時間がかかります。多ければ多いほど思考を広げることにつながりますが，総当たりですべてのパターンや経験を交差させなければならないというわけでもありません。思考することが第一目的ですから，外面的な手順の遵守にとらわれず，目的に合わせ，必要に応じて行ってください。

　扱う経験の範囲にも決まりはありません。比較的狭い範囲で経験を集めると，限定的事柄について思考を深めることができるでしょう。広い範囲からの経験を集めるとそれだけスケールの大きな思考ができるでしょう。直接的経験だけでなく，資料を使うこともできます。このワークでの交差の方法は，応用編の研究レポート作成時の交差の基本となるものです。

シート14　パターン交差シート（4つの交差）　　（作成例）

①テーマ　※「知っている感じ」がくっきりしているテーマを選ぶ
私と自転車（私なりの道具論）

※経験とパターンを書く→大事なところに線を引く

②経験1 自転車で坂を上り切った瞬間。疲れてる，でもなんかほっとする。ちょっとした達成感。腕時計をみる。時間は大丈夫か？	⑥パターン1 通学前の小旅行
③経験2 朝，自転車であの下り坂を下る瞬間。朝日，風，冷たい空気。すべてが気持ちよい。	⑦パターン2 一日の始まり，すがすがしさを感じる
④経験3 突然のパンク。なぜ？　いまごろ？　ガックリする。やり場のない怒り。	⑧パターン3 いつも利用するからこそ不調時にありがたみがわかる
⑤経験4 他人の自転車に乗る，何か違和感がある。長年愛用している自転車に乗る。ぴったりとフィットする。これだ，この感じ。	⑨パターン4 長年愛用してきたから，ほかには代えられないものがある

※交差して気づいたことを書く→大事なところに下線を引く

⑩パターン2を経験1に適用して気づくこと 坂の対立がこの身を充足する。	⑪パターン1を経験3に適用して気づくこと 悔しさと怒りを感じながら「旅に出るといろいろあるさ」と冷静になる。
⑫パターン3を経験4に適用して気づくこと 道具は快調なときには存在を感じない。体に同化している。	⑬パターン4を経験2に適用して気づくこと 時間が魂の息吹を吹き込む。

⑭交差で気づいたことをまとめ箇条書きにする（3つ以内）→大事なところに下線を引く
鬱蒼を颯爽と駆け抜ける一体感 長年使い，体に半分同化しているパートナー

⑮一文表現（＝結論）※交差で気づいたことの中心を一文で書く
道具と半分同化する→道具に愛着を感じる

⑯一文表現の補足　※説明や理由を簡潔に書く
道具は使うことが一番。長く使っていると，体に半分同化し，愛着がわいてくる。

18. 経験から論じよう

シート15　下書きシート（パターン交差型　4つの交差） （作成例）

(1) タイトル　※最後に決める
　私と自転車―私なりの道具論―

(2) 執筆の背景（新たに書く）
　われわれが生活のなかで何かをするときに必ずといってよいほど必要になってくるものといえば「道具」である。「道具」は一般的に仕事をはかどらせたりすることに使われるものであって，それ以上でもそれ以下でもない。確かにそれは正しいといえる。

(3) 結論（＝一文表現）　シート14 ⑮
　しかし私には単なる「道具」でありながら，特別に愛着を感じる「道具」がある。それはズバリ「自転車」である。

(4) 結論（＝一文表現）の補足（説明や理由）　シート14 ⑯
　ここでは，「私と自転車の関係」を通して，人間の道具に対する付き合い方について考えてみたいと思う。
　私は中学入学から，大学2年の現在に至るまで自転車通学をしている。はじめのうちは「陸の孤島」にあるわが家を嘆いたものだったが，長く自転車を使っていると，通学にだんだんと楽しみがわくようになってきた。

(5) パターン1　シート14 ⑥
　まず第一点は，ちょっとした小旅行を味わえるという点である。

(6) 経験1　シート14 ②
　私の住む地域は坂が多く，駅に着くまで坂の上り下りを繰り返さなくてはならない。確かに平坦な道に比べればきついことは間違いないが，それでも下りは速度が出て気分がよいし，上りはきついけど上り終わったときは何か一種の達成感のような気持ちよさを感じることができる。この様に駅までの通学路は変化に事欠かないある種の小旅行といえる気分を味わうことができるのである。

(7) パターン2　シート14 ⑦
　また第二点は，気分転換ができるということである。

(8) 経験2　シート14 ③
　朝は，退屈な日常の繰り返しの始まりであり，何かと気分が沈みがちのときも多い。そんなときに，自転車に乗り朝風を顔面に受けると，シャキッと引き締まった気分にさせられる。特に冬の朝風は強烈で，効き目は抜群だ。さらに，朝方の日の光を体に浴びると，何かこうエネルギーが体に充填されるような感じがして元気が出てくる。自転車はこの様に一日のやる気を引き出してくれたりもするのである。いってみれば私にとっての「栄養ドリンク」のような存在である。

(9) パターン3　シート14 ⑧
　不便なときもあるが，それはありがたみがわかるときでもある。

P.102へ続く

P.101より続く

(10) 経験3　シート14 ④
雨や雪などの悪天候では当然使えないし，特に自転車に乗っているときに大雨に降られたら悲惨である。また，道中思わぬところでパンクなどのトラブルに遭遇して使えなくなったりすると，通学に重大な影響を及ぼしてしまう。こういうときは「なぜ，いま？」と憤りを感じると同時に，かなりガックリしてしまう。快調なときには感じていないが，不調になってはじめてありがたみがわかる。

(11) パターン4　シート14 ⑨
長年愛用してきた自分の自転車には，ほかには代えられないものがある。

(12) 経験4　シート14 ⑤
たまに他人の自転車に乗ると，何か違和感がある。同じ自転車なのに，何かが違うのである。自分の自転車に乗ると，ぴったりとフィットする。「これだ，この感じ」。

(13) 交差で気づいたことのまとめ　シート14 ⑭
楽しいときも落ち込んでいるときも，いつも自転車と共に歩んできた。憂鬱なときでも自転車で走ると気持ちが軽くなる。憂鬱を颯爽と駆け抜ける一体感。私にとって自転車は，体に馴染んでいる「半同化したパートナー」とでも呼ぶべき存在である。単なる「道具」を越えた愛着を感じる存在なのである。

(14) 結論（＝一文表現）　シート14 ⑮
「道具」に愛着を抱きたいものだ。

(15) 結論（＝一文表現）の補足（説明や理由）　シート14 ⑯
それには，壊さない程度にとことん使ってやることだ。そうすれば使っていくうちにだんだん自分の体と同化しきて，自然と愛着がわいてくる。一人一人がこれを実践すれば，モノを粗雑に扱うという風潮にも，多少なりとも変化が訪れるのではないだろうか。

→このあと，さらに清書をして仕上げます。

19 感想文を書こう

ねらい：「交差」して新しいパターンを作る
方　法：ほかの人の書いた文章を読み，感想を書く

✱ どんなワーク？

　ジェンドリン博士は，著書『プロセスモデル』のなかで，読書は交差であると述べています。「読むこと」とは，読み手がテキストと自分の過去の経験を交差させ，新たな類似性をつくっていくことです。類似性はパターンとして見つけることができます。

　このワークでは，これまでのワークでほかの人が書いた文章を，あなた自身の経験と交差させながら読み，感想を書いていきます。また，あなたの書いた文章をだれかに読んでもらい，感想を書いてもらいましょう。少し大げさかもしれませんが，1編1編の文章は，世界にたった一つのかけがえのない作品です。大切に尊重する意味を込めて，ここでは文章を**エッセイ**（自由な形式の散文）と呼ぶことにします。

　このワークはグループで行います。20人以上の大きなグループができると理想的ですが，最低2人でもできます。インターネット電子掲示板等を利用して，遠隔地を交えて大きなグループをつくるのもよいでしょう（→ P.174，**さくぶん**.org を見てください）。その際は，インターネット上で公開されていることを念頭に，個人情報や表現に配慮しながら行ってください。ここでは，紙に書いて交換する方法を説明します。

✱ 手順は？

手順0 〉準備　　　　　　　　　　　　　　　　　　　　シート16 P.106,107

　パターン交差シート（感想メモ），感想文シート，振り返り文シートをダウンロードします。または，白い紙に必要に応じて枠を作ります（振り返り文の作成例はありません）。ほかに，メモ用の紙を1枚用意します。このワークはグループで行います。　シート16　シート17

手順1 〉エッセイを一堂に並べる

　これまでのワークで書いたエッセイを1か所に集め並べます。それぞれのエッセイには，あらかじめ書いた人のペンネームを書き込んでおきます。

手順2 〉エッセイを読む

　1か所に集められたエッセイのなかから読みたいエッセイを1編選び，リラックスして作業できる場所に移動し，読みます。書き手のフェルトセンスを感じようとつとめる姿勢で読みましょう。

手順3〉エッセイからパターンを見つける

　エッセイからパターンを見つけます。書き手のフェルトセンスを感じようとつとめながら，「この人は何が言いたいのかな」と考えます。「～が～なのですね」「あなたは，～は～だと言いたいのですね」と伝え返す気持ちで，短い1つの文を作るとよいでしょう。エッセイのなかで大事だと思う言葉を使って作るのもよい方法です。パターンは，そのエッセイに対する自分の**読解の中心**を表しています。 シート16 ①

手順4〉自分の経験と交差させる

　自分の経験とエッセイを交差させてみましょう。エッセイから引き出したパターンがあてはまる自分自身の経験はないかなあと自問してみましょう。または，もし，エッセイに書かれている経験が自分の経験だったら，どのように感じるかなあと，自問してみましょう。 シート16 ②

手順5〉新しいパターンを書く

　手順3，4を行っているときに，エッセイの違った面に気づいたり，自分の経験の新しい面に気づいたりすることと思います。エッセイと自分の経験は，どこがどのように似ているか，異なっているかを考えてもよいでしょう。小さな気づきでもかまいません。短い1つの文にしましょう。ほかの経験にも適用可能な一般的な表現にすることができれば，エッセイと自分の経験の交差によって，新しいパターンができたといえます。 シート16 ③

補足 〉〉〉

　手順3と手順4は順序を入れかえてもかまいません。

書き・交わすワーク 〉〉〉
シート17 P.106,107

手順1〉感想文を書く

　エッセイを書いた人に渡す感想文を書きましょう。エッセイを書いた人のフェルトセンスを感じようとつとめる姿勢で読みましょう。感想文はエッセイのパターン，自分自身の経験，新しいパターンを入れて書くとよいでしょう。ほかに書きたいことがあったら付け加えて，自由に書きます。受け取った人がどのように感じるかに配慮して書きましょう。どのエッセイに対する感想がわかるように，宛名（書き手のペンネーム）を書いておきます。 シート17

　自分が読んだエッセイの数だけ，「感じ・考えるワーク」の手順2～6を2～4回繰り返し，感想文を書きます。

手順2〉感想文を交換する

　感想文を1か所に集めます。各自，自分のエッセイに対して書かれた感想文を受け取り，リラックスして作業できる場所に移動し，読んでみましょう。

手順3〉感想文を読み，感じたことを書く

　複数の感想文が届いていることでしょう。それぞれの感想を書いてくれた人のフェルトセンスを感じようとつとめる姿勢で読みましょう。感じたことを，振り返り文シートに書きましょう。次の項目にそって書きます（作成例はありません）。

- 1人目の感想を読んで感じたこと，考えたこと，気づいたこと
- 2人目の感想を読んで感じたこと，考えたこと，気づいたこと（感想文の数だけ繰り返します）
- 複数の感想を読んで全体に対して感じたこと，考えたこと，気づいたこと
- エッセイ交換を行って感じたこと，考えたこと，気づいたこと

手順4〉話し合う

　このワークを通じて感じたことを，自由に話し合います。大人数で行っている場合は，3〜5人程度のグループに分かれて話し合い，代表者が全体に発表するとよいでしょう。遠隔地の人と行っている場合は，感じたことを電子メールや電子掲示板等に書き，読み合うとよいでしょう。

✱ どんな意味があるの？

　同じ文章であっても，読み手が異なれば，読解の仕方も異なります。しかし，書き手の表現したいことを無視して勝手な読み方をしてよいわけではありません。書き手のフェルトセンスを感じるようにつとめながら読めば，そのような誤りを避けることができるでしょう。

　1つの経験には無数のパターンが含まれており，経験した本人が気づいていないものも多いのです。ほかの人にパターンを見つけてもらったり，ほかの人の経験と交差したりすることで，自分の経験に含まれているパターンに気づくこともあります。互いに文章を読み合うことは，自分自身の経験を豊かに感じ直すことにもつながるのです。

　このワークで学んだ交差の方法は，書くときだけでなく話すときにも使えます。相手の発言をよく「感じ」，パターンを見つけることは，相手を尊重する姿勢につながります。そのうえで，自分の経験を交差させたり，自分なりのパターンを見つけて相手に投げかけたりして，コミュニケーションを発展させましょう。

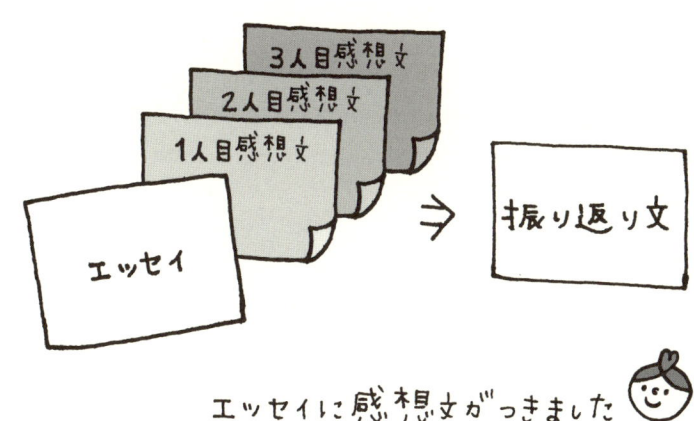

シート16　パターン交差シート（感想メモ）　　作成例1

「終わりのあと」（P.61）

①パターン　※読んだ文章に表れているパターンを書く
　剣道の黙想には静まりかえった空気がある

②自分の経験　※パターンがあてはまる自分の経験を書く、または、自分だったらどうかと考えてみる
　兄が剣道をやっていた。幼いころ、いつも稽古について行っていた。稽古の後の黙想の時間は、幼い自分にとっては、居心地の悪い時間だった。いつもふざけているお兄ちゃんやお兄ちゃんの友達の顔つきが変わるのが、少し、嫌な感じだったのだと思う。
　いまは、その時間の大切さが分かる。自分はいま、団体競技をやっている。団体競技も結局は自分との戦い。静まり返った空気のなかには、自分との戦いが詰まっていたのだろう。

③新しいパターンを書く　※気づいたことを書く。ほかの経験にも適用可能な一般的な形で書く
　黙想の静まり返った空気のなかには、自分との戦いが詰まっている

シート17　感想文シート　　作成例1

宛先：「終わりのあと」（P.61）への感想

　私の兄も剣道をやっていました。私は幼いころ、兄の稽古についていっていました。まだ幼かった私にとって、静まり返った空気は居心地が悪かったことを覚えています。いつもはふざけて遊んでいる兄や友達が、ある瞬間で顔つきが変わる。剣道にはそんな瞬間がありました。面をかぶった瞬間、竹刀を構えた瞬間……。黙想に入る瞬間もその一つでした。
　剣道ではありませんが、私もスポーツを続けてきて、いまは、その時の空気の大切さがわかります。どんな競技でも、戦いが始まる瞬間、勝負が決まった瞬間、同じような空気が流れると思います。私の場合は団体競技ですが、結局は「自分との戦い」が重要です。静まり返った空気のなかには、自分との戦いが詰まっている気がします。その空気はその人にしか味わえないものだけに貴重です。お互いに大事にしていきたいですね。

※エッセイから「剣道には静まり返った空気がある」というパターンを見つけ、自分の経験にあてはめ、回想しています。自分のスポーツ経験を交差させ、「黙想の静まり返った空気のなかには、自分との戦いが詰まっている」という新しいパターンを作りました。

19. 感想文を書こう

> **シート16** パターン交差シート（感想メモ）　　　作成例2

「だって，かわいそうじゃん」（P.77）

①パターン　※読んだ文章に表れているパターンを書く
　周りを気にせずに自分がよいと思ったことをやった高校生はえらい

②自分の経験　※パターンがあてはまる自分の経験を書く，または，自分だったらどうかと考えてみる
　確かに空き缶は拾うほうがよいが，自分がこの文章を書いた人のように，一人で電車に乗っていたら，やはり拾わないと思う。でも，もし，その女子高生のように友達と一緒に乗っていたら，拾ったかもしれないと思う。一人だと恥ずかしいけれども，仲間といると，他人の目を気にせず行動できる。

③新しいパターンを書く　※気づいたことを書く。ほかの経験にも適用可能な一般的な形で書く
　よい行動も，仲間がいるときのほうが，周りの目を気にせずにできる

> **シート17** 感想文シート　　　作成例2

宛先：「だって，かわいそうじゃん」（P.77）への感想

　女子高生がしたことはすばらしいことだと思います。私があなたの立場で電車に座っていたら，やはり自分から拾いに行ったりはしないと思います。逆に，自分が集団のなかにいたら，拾うかもしれないと思います。日本人は集団行動が好きな人種だと言われますが，私にもそういうところがあると思います。一人だと，周りの目線を気にしたり，恥ずかしく思ったりしますが，仲間がいるときは，のびのび行動できるような気がします。
　集団でいると，ついつい気が大きくなって，悪さをしてしまうという面もありますが，逆に，思い切って，よいことも，仲間がいれば，できるような気がします。
　一人でもよい行動できればそれに越したことはありませんが，まずは，友達と一緒にいるとき，いつもできないようなよいことを，思い切ってやってみるのも悪くないかもしれないと思いました。

※エッセイから「集団でいるときのほうが思い切って，よいことを行動にしやすい」というパターンを見つけ，「できるときにやろうと思う」と述べています。エッセイに書かれている出来事から，書き手とは異なったパターンを見つけています。

コラム2　引用と出典明記

1. 引用

　書籍，雑誌，新聞記事等の資料を利用すると，テーマを広い視野からとらえた文章を書くことができます。資料の一部分を引用すると，具体的でわかりやすくなります。しかし，文章は自分自身のなかから出てきた言葉を書くのが基本です。引用が多くなりすぎないようにしましょう。書いている文章の2分の1を超えてはいけません。3分の1を超えたらかなり多いといえます。自分の文章を展開するうえで必要な場合に限って，ほかの人の文章を引用します。

　引用するときは，作法に従って行います。これには文章の権利や責任の所在を明らかにする目的があります。引用文そのままの部分，文章の筆者（自分）の言葉でまとめた引用部分，筆者（自分）自身の言葉の部分が，明確に区別できなければなりません。

　引用の方法には，大きく分けて，2つあります。資料の一部をそのまま写す方法（**直接引用**）と，文章の筆者（自分）の言葉でまとめて引用する方法（**間接引用**）です。「17．資料を使って論じよう」の作成例（P.95）をもとに解説します。

I．**直接引用**：資料の一部を，まったく変えずにそのまま写す

●短い引用：写す部分を「　　　」の中に入れて書く

「　」の中が記事を写した部分です。記事の中の「　」は『　』に変えます。そのほかは変えずにそのまま写します。

　　ゴーン氏は，質問に，「『自分に引きつけて，こういうやり方でサポートしてもらえば私の実績も上がるんですけど』という言い方をすればいい」と答えていた[1]。

●長い引用：写す部分の前で改行し，写す部分が終わったら改行する。

　写している間は，行頭を2文字分あける（作成例には，長い引用はありません）。

　　その記事は，イラク医療の現状について，

　　　　03年のイラク戦争前までは腎臓移植などの先進医療もあったが，戦後の宗派対立で医師も攻撃の的となり，約2万人いた医師の半数以上が国外に脱出。高度専門病院や個人医院の多くは閉鎖された。

　　と報じている[2]。

II．**間接引用**：資料の内容を，自分の言葉でまとめて書く

　下記のように書きます。作成例を示します。

　　　テロや戦争で傷ついた子どものために薬を買えない人が，ある1本の木を「聖なる木」と呼び，子どもの服をその木に結び，快復への希望を託しているという[2]。

2. 出典明記

　「引用」と「出典明記」は必ずセットになっています。資料を引用したときは，文章の末尾に，改行して「**引用文献**」と書き，使用した資料の出所（出典）を書いていきます。読み手が元の資料を探せるようにしておくのが目的です。

　書籍の場合は，①著者名，②書名，③発行年，④発行所（出版社）を書きます。⑤引用ページや⑥発行所所在地を書くこともあります。

　雑誌の場合は，①著者名，②記事名，③雑誌名，④発行年，⑤巻号，⑥記事の掲載ページを書きます。

　新聞記事の場合は，①日付と②新聞名を書きます。夕刊の場合は「夕刊」と明記し，朝刊の場合は書かないのがふつうです。何面か（例：国際面）を書くときもあります。

　インターネット上の情報を利用する場合は，だれ（どのような機関）が提供している情報かに注意しましょう。情報提供者が不明確な情報は，小論文等に利用することはできません。利用する場合は，①アドレス，②サイト名（管理者名），③アクセス日を書いておきます。アクセス日を書くのは，読み手がアクセスしたときに情報がすでに抹消されている可能性があるからです。このことからもわかるように，長く読まれる文章をめざす場合には，インターネットの資料を引用するのは避けるほうがよいでしょう。

　インターネット上のデータベースの雑誌記事や新聞記事を参照した場合には，データベースのアドレスではなく，元の資料の出典を書きます。

　複数の資料を引用する場合は，本文中のどの部分がどの資料からの引用か，わかるようにしておきます。さまざまな方式がありますが，最も簡単な「番号方式」を紹介します。本文の引用部分と，「引用文献」の資料に同じ番号を付して対応させていきます。

　例示します。左ページの作成例中の本文右肩の小さな番号[1) 2)]と，この下の引用文献1) 2) が，それぞれ対応しています。

　　引用文献
　　1) 2007 年 11 月 10 日，朝日新聞
　　2) 2007 年 11 月 3 日，朝日新聞

上級編
* 概念を構造化して理論を作る *

上級編では，理論を作る方法を学びます。
理論とは概念の構造体です。
イメージで表現すると，
フェルトセンスに，
立体的骨格が浮き出てきます。
連結ポイントが概念です。

構造体ができると強くなります。
外から力が加わっても，簡単には壊れません。
梁や壁を加えて，さらに強くできます。
箱のように，さまざまなものを出し入れできます。
全体の構造を保ったまま，
精緻化していくことができます。

フェルトセンスから
理論を作りましょう。
批判に耐えるだけでなく，
外からの刺激を取り込んで，
発展を続けていくことができます。

理論を作る

　同じ「からだの感じ」から出てきた言葉には互いに深い関連があります。それを「論理」と「からだの感じ」（フェルトセンス）を応答させながら，用語（概念）の関連として引き出し，理論を作ります。いったん理論ができると，論理的に応答できます。質問に答えたり，新しい概念を加えたりできます。上級編のワークを通じて，文系論文作成の基礎が学べます。

20 理論とは（解説）

ねらい：「理論」は概念の構造体であることを知る
方 法：身近なものを例として理論を作ってみる

✳ 「理論」を作る

　上級編では，理論を構築する方法を学んでいきます。フェルトセンスと「論理」の両方を使って思考を深め，経験（「からだの感じ」）から理論を作ります。

　生きている「からだ」は，たえず環境と応答しています。その応答はでたらめではなく秩序があります。生命は秩序なしに「からだ」を維持することはできません。その秩序には，高度に発達した動物としての人間が，生まれつきもっている能力に基づく自然との相互作用や，学習や記憶，個人をとりまく社会や文化との相互作用など，すべてのものが含まれています。その秩序を，私たちは，ふだん，あまり感じていません。しかし，身体の内側に注意を向けると，「この感じ」として，そのフェルトセンスを感じることができます。

　フェルトセンスはふだんは漠然としていますが，適切な方法でかかわれば，かなりの部分が言葉になります。ウォーミングアップ編，初級編，中級編と進んできたみなさんは，すでに体験していることでしょう。上級編では，単に言葉にするだけでなく，複数の語（概念）を構造化し，理論を作ります。

　「理論」とは何かを定義しておきましょう。このテキストでは，「理論」を「**概念（語）の構造体**」，つまり「**いくつかの概念（語）が互いに組み込まれひとまとまりの構造をなしているもの**」と定義することにします。「語」は相互に組み込まれたとき，「概念」になります。

　ジェンドリン博士は，私たち人間が，言語と「からだの感じ」（フェルトセンス）の両方に，同時に独立的にアクセスする能力をもっていることに着目しています。例えば，言いかけたことを忘れてしまった場合，言おうとしていた「感じ」（フェルトセンス）に言葉なしに注意を向けたまま，「これだったっけ？」「あれだったっけ？」言葉を入れ替えて探すことができます。フェルトセンスには応答する力があるので，探していたものがくると，身体がすっとする等の感覚で，それがわかります。いっぽう，言語ルール（文法）には推論力があるので，「こうだからこうなるはずだ」と，フェルトセンスに関係なく言葉だけを連ねていくことが可能です。例えば，「アリストテレスは人間である」「人間は必ず死ぬ」「だからアリストテレスは必ず死ぬ」といった具合です。フェルトセンスに注意を向けたまま，同時に独立的に言語の推論力を展開させ，フェルトセンスに応答させれば，両方の力を活用することができます。

　「からだの感じ」には秩序があるので，同じフェルトセンスから出てきた語（フェルトセンスの

用語）は，一見，バラバラのようでも，必ず，相互に深い関連があります。用語をいったん，文法にかなった文にし，その文とフェルトセンスの両方を感じていると，フェルトセンスの秩序が浮かび上がってきます。上級編では，フェルトセンス（経験）と言葉を応答させながら「からだ」の感じている秩序を理論にしていきます。これが，経験（「からだの感じ」）から理論を作るということです。

✳ ワーク

「理論を作る」を実習しましょう。3～5人のグループで行います。5～6組つくれると理想的です。

1．あなたにとっての「人生の真実」を「愛，夢，お金」の3つの言葉で表現してみましょう。最初に「愛は」で始まり「夢」と「お金」を含む文を作ります。同様に「夢は」で始まる文，「お金は」で始まる文を作ります。例えば，

　①愛は夢を生むがお金は生まない
　②夢はお金があれば近づけるが，お金で近づける愛はない
　③お金は愛と夢があるときに最大の効果を発揮する，

といった具合です。「愛，夢，お金」の3つの言葉が相互に組み込まれ，理論の骨格ができました。

2．あなたの「人生で大切なもの」を表す言葉を3つ選び，相互に組み込みましょう。「愛，夢，お金」と同じ組み合わせにならないよう，少なくとも1つは別の言葉にしてください。

できたら，グループで発表し合いましょう。最後に，このワークで感じたこと，気づいたことを全体で話し合いましょう。

このワークではごく簡単にゲーム感覚で行いましたが，次のワークからは，フェルトセンスの力を頼りに，注意深くていねいに，オリジナルの理論を作っていきます。

✳ どんな意味があるの？

理論を作ることは，単に，フェルトセンスに埋もれているものを取り出すことではありません。フェルトセンスと言葉をていねいに応答させることを繰り返すにつれて，理論がだんだん形をなしてきます。それとともに，フェルトセンス自身も変化し，「からだの感じ」が，よりしっかりしてきます。比喩的に，身体が内面的に成長するといってもよいでしょう。フェルトセンスを構造化し尽くすことはできませんから，理論が完成されることはないともいえます。大切なのは，自分の経験から理論を作り，ほかの人と伝え合うことです。そのことにこそ，意味があるのです。

21 「〜は…である」を使って考えよう

ねらい：用語を大まかに関係づける
方　法：「〜は…である」の文に加筆する

✳ どんなワーク？

「からだの感じ」からオリジナルな理論を作ることは，生涯続く果てしない作業であり，これで完成というポイントはありません。しかし，途中でも，その段階に応じた生産物を生み出すことができます。たとえ未熟であっても何かを生み出しながら進むほうが，成熟への歩みが確かなものになります。このワークでは，理論づくりの第一段階として，「〜は…である」の文型とフェルトセンスを使って用語を関連づける方法を学び，短めの論理的な文章にまとめます。

✳ 手順は？

感じ・考えるワーク 〉〉〉　　　　　　　　　　　　　　　　　　　　　　◀ シート18　P.118

手順0 〉準備

用語関連シート（用語を関連づける）をダウンロードします。または，白い紙に必要に応じて枠を作り，作成例にならって進めます。このワークは1人で行います。◀ シート18

手順1 〉テーマを決める

テーマを決めます。テーマは，どんなものでもかまいませんが，それについての「からだの感じ」が，くっきりしているものが向いています。簡単に書きとめます。◀ シート18 ①

手順2 〉3つの用語を選ぶ

テーマにした「この感じ」のフェルトセンスを感じながら，フェルトセンスの中心を含むなるべく多くの部分が入るように，大きな三角形をイメージします。三角形の3つの頂点を感じてみましょう。その頂点に言葉をおくとしたら，どんな言葉でしょうか。フェルトセンスのなかから，大事な言葉で，しかも互いに似ていない言葉を3つ，引き出すような気持ちで待ちます。語でも句でもかまいません。文が出てきた場合は，「こと」を付けたり，「　」で囲んだりして，名詞として扱います。

ここで出てきた3つの言葉は，フェルトセンスにとって特別な言葉です。この先のワークでは，この言葉を，通常の意味にとらわれずフェルトセンス専用の語として使います。

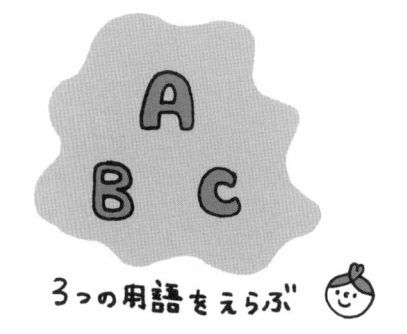

* 114 *

21.「～は…である」を使って考えよう

これを**用語**と呼びます。3つの用語をA，B，Cとします。 ◀シート18 ②

手順3〉3つの用語を「～は…である」の文型にあてはめる

　3つの用語は同じフェルトセンスから出てきたので，何らかの関係があるはずです。「イコール」で結ぶことを出発点として，3つの用語を大まかに関係づけていきます。まず，A＝Bをやってみます。A＝Bを文で表現すると「AはBである」となります。 ◀シート18 ③

　この文は，名詞と名詞を係助詞（は）で結び，接続助詞（で）と補助動詞（ある）で受けた文で，文法的には正しいと言えます。文法的に正しいからには，言語のルールに合致している文ということになります。このような文を**論理的な文**と呼びます。

　しかし，例えば，作成例（P.118参照）の「本屋のおじいさんはシャボン玉である」という文は，論理的な文ですが，奇妙に感じられます。意味が通らないからです。その「意味」とは，言語ルールとは別の「何か」です。「からだ」が知っている秩序といってもよいでしょう。

手順4〉「～は…である」の文をフェルトセンスに合うように修正する

　次に，論理的な文を，文法的に正しく，かつ，フェルトセンスに合っている（意味が通る）文にします。この文型，つまり，「AはBである」をくずさずに，前後や間に語句を入れて加筆し，意味が通るようにします。 ◀シート18 ④

　作成例（P.118参照）の場合，取り組んでいるテーマ「ブログ上の人間関係」のフェルトセンスを感じながら，「本屋のおじいさんはシャボン玉である」を見ていると，「本屋のおじいさんとの会話はシャボン玉のようである」が出てきました。「本屋のおじいさんは」と「シャボン玉である」はそのままで，新しい文ができました。この作業に正解はありません。新しい文が，文法的に正しく，かつ，フェルトセンスに合っていれば，それでよいのです。

手順5〉新しい文をもとに，なぜそう言えるのかを考える

　新しい文ができたら，それをフェルトセンスで感じながら，なぜそう言えるのかを考え，出てくることをメモします。メモをする過程で自然と思考が進みます。新しく重要だと感じられる用語が出てきたら，書いておきます。 ◀シート18 ⑤

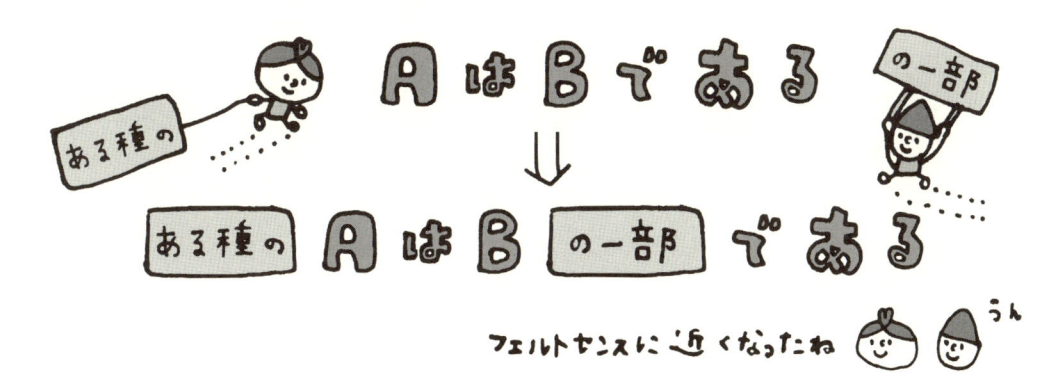

ある種の　AはBである　の一部
⇩
ある種の　Aは　Bの一部　である

フェルトセンスに近くなったね　うん

A=B が終わったら，B=C（B は C である），C=A（C は A である）も同様に行います。余裕があれば，逆向き B=A（B は A である），C=B（C は B である），A=C（A は C である）も行います。
◀ シート18 ⑥～⑪

手順6〉用語と重要語を並べて書く

用語 ABC と，新しく出てきた**重要語**を，出た順に並べて書きます。これで全体を見渡せます。
◀ シート18 ⑫

書き・交わすワーク 〉〉〉　※上級編のワークを続けて行うときは省略します。　　　◀ シート19 P.119

「感じ・考えるワーク」で作ったシート 18 をもとにアウトラインを作り，シート 19 に下書きをします。ここでは用語チェーン型アウトラインを使います。このアウトラインは，短めの論理的な文章を書くのに適しています。◀ シート18 → ◀ シート19

用語チェーン型アウトライン

1. あらかじめフェルトセンスから用語を選定しておく
2. 用語を並べかえ，用語チェーンを作る
3. 用語チェーンに最小限の言葉を足して要旨を作る
4. 要旨に肉づけして下書きをする
5. タイトルをつける

手順0〉準備

下書きシート（用語チェーン型）をダウンロードします。または，白い紙に必要に応じて枠を作り，作成例にならって進めます。◀ シート19

手順1〉用語チェーンを作る

シート 18 の用語 ABC と重要語を，相互の関連がわかりやすいように並べかえます。テーマにしている「からだの感じ」のフェルトセンスを十分に感じながら行います。この段階で，新しく語を追加したり，すでにある語を削除したりしてもかまいません。これを**用語チェーン**と呼びます。
◀ シート18 ⑫ → ◀ シート19 (1)

これらの諸用語は，同じフェルトセンスからでてきたものですから，互いに深い関連があるはずです。ここまでさまざまに思考をめぐらしてきたので，用語を関連づけながら並べることはさほどむずかしくないことでしょう。むずかしく感じるときは，前の段階に戻って，「～は…である」の文を変形し直したり，メモを追加したりするとよいでしょう。

手順2〉要旨を作る

用語チェーンに最小限の言葉を足して短い文章を作ります。これが文章の**要旨**になります。
◀ シート19 (2)

手順3〉下書きをし，タイトルをつける

要旨に肉づけしながら，下書きをします。冒頭に「序論」として，執筆の背景を書きます。末尾

21.「〜は…である」を使って考えよう

に「まとめ」として全体の結論や今後の課題を，付け加えてもよいでしょう。最後に，全体を感じて，タイトルをつけます。◀ シート19 (3)

手順4〉清書をして読み合う

全体を見直しましょう。テーマにしたフェルトセンスがよく表現されており，かつ，ほかの人にもわかる文章になっていることが必要です。誤字脱字をチェックし，書式を整えます。複数の人と交換して，読み合いましょう。

補足 〉〉〉

簡単に行いたいときは，要旨を作らず，用語チェーンを見ながら直接下書きしてもかまいません。その場合もあとで要旨を作ってみましょう。全体の流れが把握でき，推敲するときに役立ちます。

✳ どんな意味があるの？

3つの用語を使って，意味の通る文を作ることができました。3つの用語を関連づけた3つの文によって，フェルトセンスのなかに，三角形の骨組みができたとイメージできます。その文は，文法（言語ルール）に合っており，かつ，「からだの感じ」のフェルトセンスにも合っています。「からだの感じ」と文法は，矛盾するものではありません。私たちの「からだ」は非常に秩序立っており，文法は私たちの「からだ」のありようと不可分に結びついています。言語は「からだ」に精妙につくり込まれているのです。

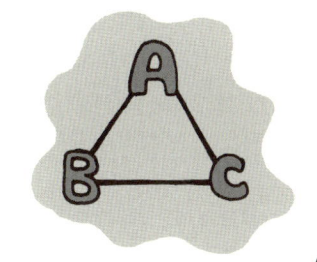

何かが「わかった」とき，身体がすっとしませんか？　逆にわからないときは，すっきりしない感じが残るでしょう。「意味がわかる／わからない」は，「からだの感じ」です。私たちは，「からだの感じ」によって，「わかる／わからない」（意味をなす／なさない）の感覚を得るのです。だから，「からだの感じ」のフェルトセンスをしっかりつかまえ，ていねいに言語に展開すれば，文章は当然，わかりやすくなり，「論理的」になります。論理的な文章が書けない原因は，フェルトセンスをしっかりつかんでいないからであり，ていねいに言語化しないからなのです。ふだんからウォーミングアップ編や初級編，中級編に，繰り返し取り組んでおきましょう。

このワークの方法で行えば，比較的短時間で，短めの論理的な文章を書くことができます。経験や出来事を踏まえて，自分なりの考えをまとめることが要求される場合に役立つ方法です。応募者の思考力が試されるタイプの試験小論文にも使えます。また，この方法は，スライド式のプレゼンテーション資料の作成にも適しています。用語チェーンを作ったあと，1枚のスライドで1つの用語を説明するように組み立てれば，流れのよいプレゼンテーションになります。

シート18　用語関連シート（用語を関連づける）　（作成例）

①テーマ　※フェルトセンスがくっきりしているテーマを選ぶ
ブログ上の人間関係

②３つの用語　※フェルトセンスの中に大きな三角形を描くつもりで，頂点におく用語を選ぶ

A：本屋のおじいさん	B：シャボン玉	C：「王様の耳はロバの耳」

※用語を「～は…である」にあてはめ，フェルトセンスに合うように加筆する。気づいたことをメモする
　→重要語を書く

用語	論理的な文	論理的，かつ，フェルトセンスに合っている文
A＝B	③本屋のおじいさんはシャボン玉である	④本屋のおじいさんとの会話はシャボン玉のようである。

⑤（メモ）　なぜそう言えるか。手の内を見せておいて，レスポンスがあればようやく動き出すブログ管理者は，下町の本屋で居眠りしながら客を待つ，年老いた店員のようだと思う。毎日カウンターに座るおじいさんはのんびり客を待っていて，たまに人が来ると本に囲まれながら話をする。多くの本はおじいさんが長年かかって集めた人生そのもので，気の合う客なら話が弾み，シャボン玉はきれいにくっつく。あまり合わない客だとシャボン玉は割れ，客は帰ってしまう。流れる時間のゆっくりとした感じも，それが嫌だと思わないところも似ている。
　　　　　　　　　　　　　　　　　　　　　　　　　　　　　　　　　　　　重要語：ぬるま湯

B＝C	⑥シャボン玉は「王様の耳はロバの耳」である。	⑦シャボン玉が出会う手段は「王様の耳はロバの耳」である。

⑧（メモ）　なぜそう言えるか。自分が詰まったシャボン玉は，言いたいことをネットへ叫んでいる。「王様の耳はロバの耳」と叫んだのは昔の話で，いまはネットという匿名性の高い穴が身近にある。暗いネットの穴からは，たまに反応があり，他人のシャボン玉と出会える。「ものの見方」ひとつでその人の感じ方や生活まで垣間見られる。だれかの「見方」とふれて，一緒に飛ぶこともあるし，ふれた瞬間割れることもある。他人のブログを読むたび，自分に合うか合わないか，シャボン玉がつくか割れるか，無意識に判断している。一度ついたシャボン玉も，書かれた内容がダメだと感じた瞬間，割れてしまう。完全に同意見の人間はいないので，その辺はむずかしい。
　　　　　　　　　　　　　　　　　　　　　　　　　　　　　　　　　　　　重要語：見方

C＝A	⑨「王様の耳はロバの耳」は本屋のおじいさんである。	⑩「王様の耳はロバの耳」は本屋のおじいさんがほしいものである。

⑪（メモ）　なぜそう言えるか。おじいさんはふだん話し相手がいない。話したいことがたまり，イライラする。そこで，話したいことを本にして店に置く。読みたい人は読み，興味がなければ読まずに去る。来るものは拒まず。シネコンのように何種類ものブログから興味のあるものを選んで読める。ネットの話相手は見えず，暗闇が広がっている。言葉を投げ込むと，光るものが帰ってくることがある。それが楽しくて，言葉を投げ続けるのかもしれない。
　　　　　　　　　　　　　　　　　　　　　　　　　　　　　　　　　　　　重要語：シネコン

⑫**用語の書き出し**　※A，B，Cと重要な用語を出てきた順に書き出す
　本屋のおじいさん，　シャボン玉，　「王様の耳はロバの耳」，　ぬるま湯，　見方，　シネコン

※用語を網かけで示しました

21.「～は…である」を使って考えよう

◀ シート19 ▶ 下書きシート（用語チェーン型）　　　（作成例）

(1) 用語チェーン　※関連ができるように用語を並べかえる。用語を削除したり追加したりしてもよい
本屋のおじいさん，見方，シャボン玉，「王様の耳はロバの耳」，ぬるま湯，シネコン，スローライフ

(2) 要旨　※用語をつないで文章にする（これが要旨になる）
　ブログの管理者は本屋のおじいさんのようだ。本（見方）を並べてお客さんを待っている。お客さんが来てシャボン玉がくっつくこともあれば壊れることもある。おじいさんは「王様の耳はロバの耳」に言葉を放り投げて，ぬるま湯につかっている。お客さんはシネコンのように好きなものだけを読む。ゆっくりした時間が流れるスローライフである。

(3) 下書き　※要旨をアウトラインとして肉づけをし，下書きをする
タイトル：『王様の耳はロバの耳』

　言いたいことをネットに放り投げて，来るかどうかもわからない読者からの反応を待っているブログの管理者は，ポツポツとしか来ない客を待つ本屋のおじいさん店員のようだ。カウンターに正座して，下には座布団を敷いていて，ネコとみかんとストーブが置いてあるような本屋の雰囲気。おじさんは「本」という形で手の内を全部見せている。それを好むか好まないかは客次第である。相手がアクションを起こせば店員として対応するが，そうでなければ，ただただ待って日が過ぎる。

　ブログの文章を読むと，その人がこれまで積み重ねてきた考え方・ものの見方が凝縮されていることに気づく。シャボン玉がくっつくようにその考えになじむこともあるし，あまりに合わなくて割れてしまい，「はいさよなら」ということもある。

　言葉を放り投げるネットの暗闇は，「王様の耳はロバの耳」のイソップ童話に似ている。だれにも聞かれたくないが，言いたいことがある家来は穴に向かって叫び続けた。あの穴は言ったことに反応したわけではなく，最後に言葉を全部吐き出してしまったが，ネットはごくまれに，暗闇の向こうからきらっとしたものが投げ返されてくることもある。それはたぶん，結構うれしいことだ。

　でも，何を言っても反応が返ってこなければ，それはそれで楽なものだ。言いたいことを言うだけ言って周りを気にしないでいられたら，精神上負担が少なくてすむ。ぬるま湯につかっているような感覚で日々を過ごすことができてしまう。

　読者はネット上に広がる膨大な数のブログ（開設者335万人。2005年3月読売新聞調べ）から好きなものを選んで読んでいける。管理者が楽に構えていられるのも，読者が勝手に判断して出入りしてくれるからだ。さながら見たい映画を選べるシネコンのようだ。客は全員わがままだけれども。

　自分の書いた文章だけ見て満足して過ごせる形は，言ってみればスローライフなのではないかと思う。ブログを書くことで実生活から切り離され，世間の喧騒から隔離された土地で，自給自足の生活をしながらいろいろなことを考えて過ごす。きゅっと縮んでしまった心には，たまにはそんな生活も必要なのだ。そのときそのときでたくさん思いを巡らせながらブログを書きためていけば，速度がゆっくりの亀の歩みでも，後退せずに進んでいけるのかもしれない。

※用語を網かけで示しました　　　　　　　　→このあと，さらに清書をして仕上げます。

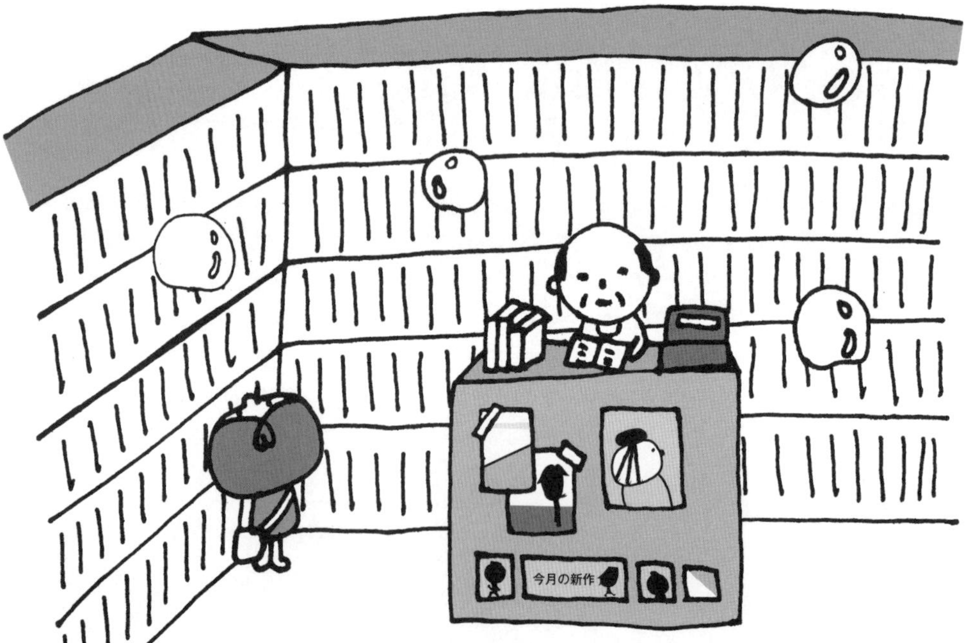
今月の新作

22 性質を考えて思考を深めよう

> ねらい：用語をより深く関連づける
> 方　法：「〜はもともと…である」の文型を使って性質を考える

✱ どんなワーク？

　このワークでは，理論づくりの第二段階として「性質を考える」ことで思考を深める方法を学びます。前のワーク同様，用語チェーン型アウトラインを使い，短めの論理的な文章に仕上げます。

✱ 手順は？

感じ・考えるワーク 〉〉〉　　　　　　　　　　　　　　　　　　　　◀ シート20 P.123

手順 0 〉 準備
　用語関連シート（新用語を引き出す）をダウンロードします。または，白い紙に必要に応じて枠を作り，作成例にならって進めます。このワークは 1 人で行います。◀ シート20

手順 1，2 〉 テーマを決め，3 つの用語を選ぶ
　手順 1 と手順 2 は，「21.『〜は…である』を使って考えよう」と同じです（P.114 参照）。テーマを決め，フェルトセンスから 3 つの用語を引き出し，A，B，C とします。◀ シート20 ①②

手順 3 〉 3 つの用語の性質を考え，新しい用語を引き出す
　3 つの用語は同じフェルトセンスのなかの用語なので，何らかの関係があるはずです。その関係を「A はもともと B である」の文型を使って引き出します。この文型を使い「本来的性質」を考えることで，用語間のより深い関係へと思考を進めていきます。まず，A と B をやってみましょう。「A はもともと B である」となります。A, B にあてはめて，文を書いてみましょう。◀ シート20 ③

A は も と も と B で あ る

「もともと」を入れると
性質がみえてくるんだね

手順 4 〉「B である A の性質」を感じる
　この文型を見ながら「B であるような A の性質はなんだろう」と「からだの感じ」に問い合わ

せます。そして，出てくることをメモします。メモする過程で自然と思考が深まります。AとBの両方にとって重要だと感じられる言葉が出てきたら，それを**新用語**とします。むずかしく考えずに，フェルトセンスが大事だと感じる言葉を選定すればよいのです。

　BCとCAも同様に行います。余裕があれば，逆向きの「BはもともとAである」「CはもともとBである」「AはもともとCである」も行います。 ◀ シート20 ④〜⑧

手順5〉新しい用語を書き出す

　用語ABCと思考の過程で出てきた新しい用語を，出た順に並べて書きます。これで全体が見渡せます。 ◀ シート20 ⑨

書き・交わすワーク 〉〉〉　　※上級編のワークを続けて行うときは省略します。 ◀ シート19 P.124〜125

　「感じ・考えるワーク」で作ったシート20をもとにアウトラインを作り，シート19に用語チェーン型アウトラインを使って書きます。手順0〜4（P.116〜117）を見てください。

分かち合うワーク 〉〉〉

手順1〉清書をして読み合う

　全体を見直しましょう。テーマにしたフェルトセンスがよく表現され，かつ，ほかの人にもわかる文章になっていることが必要です。誤字脱字をチェックし，書式を整えます。複数の人と交換して読み合いましょう。

✻ どんな意味があるの？

　日本の言葉遊びに「〜とかけて〜と解く。その心は？」というのがあります。これも，文型にあてはめて物事の性質を考えています。「う〜ん」と「からだの感じ」を使って考えるのです。「からだの感じ」で性質を考えることは，昔から行われているのです。このワークでは，「〜はもともと…である」の文型を使い，まだ気づかれていない本来的性質へと思考を深めました。気づくといっても，宝探しのように埋もれたものを見つけ出すわけではありません。思考し言葉にするにつれて，フェルトセンスの新しいところが形をなすのです。それが**用語**です。

　イメージで表現すると，前のワークで作ったフェルトセンスの中の三角形に関連する4つ目，5つ目，6つ目の点を見つける作業になります。三角形と新しい点を結ぶと立体ができますね。フェルトセンスの広さや奥行きを確かめる感じです。このワークは，クリエイティブシンキング（創造的思考）の一手法といえます。創造的思考は，例えば，企画のプレゼンテーションなど，ビジネスの場面でも役立ちます。

22. 性質を考えて思考を深めよう

シート20　用語関連シート（新用語を引き出す）　（作成例）

①テーマ　※フェルトセンスがくっきりしているテーマを選ぶ
眠れない夜のこと。いまこの時間に起きていることに意味を見いださずにはいられない。

②3つの用語　※フェルトセンスの中に大きな三角形を描くつもりで，頂点におく用語を選ぶ

A：不安定な自己	B：思考の螺旋	C：枠の中の無限

※用語を「～はもともと～である」にあてはめて性質を考え，気づいたことをメモする
　→新用語を追加する

用語	「～はもともと…である」の文
A, B	③不安定な自己は，もともと思考の螺旋である （不安定な自己は，思考の螺旋の性質をもっている）
④（メモ）	なぜそう言えるのか。繰り返すことは確かな法則をもっているからこそ，同じ軌道で回り続けることができる。その法則があやふやでは，闇雲に動き続けるだけだ。 　　　　　　　　　　　　　　　　　　　　　　　　　　　新しい用語：雲の形
B, C	⑤不安定な自己は，もともと枠の中の無限である （不安定な自己は，枠の中の無限の性質をもっている）
⑥（メモ）	不安定さは何も制限を設けないようだが，自分の本来の立ち位置がわからず，どこにいるのかわからないので，同じところに帰ってきても，初めて来たと認識してしまう。 　　　　　　　　　　　　　　　　　　　　　　　　　　　新しい用語：迷路
C, A	⑦思考の螺旋は，もともと枠の中の無限である （思考の螺旋は，枠の中の無限の性質をもっている）
⑧（メモ）	なぜそう言えるのか。縦横無尽に動き回っているようでも，ある範囲をはみ出したりしない。たまに，飛び出したかと思えば，またそこの範囲で収まる。 　　　　　　　　　　　　　　　　　　　　　　　　　新しい用語：キャッチボール

⑨用語の書き出し　※A, B, Cと新しい用語を出てきた順に書き出す
不安定な自己，思考の螺旋，枠の中の無限，雲の形，迷路，キャッチボール

※用語を網かけで示しました

シート19　下書きシート（用語チェーン型）　　　作成例2

(1) **用語チェーン**　※関連ができるように用語を並べかえる。用語を削除したり，追加したりしてもよい
序論→不安定な自己（雲の形，対話）→枠の中の無限（キャッチボール）→思考の螺旋（無，解放）
→結論（まとめ）

(2) **要旨**　※用語をつないで文章にする（これが要旨になる）
　眠れない夜，不安定な自己は自身の姿を求めて雲のように形を変える。それは自分との対話，つまり，枠の中の無限である。無限の自問自答のキャッチボールでは，自分の思考の筋道は螺旋をたどる。思考の螺旋は無であり，何も生み出していないようにみえるが，無は有のためのスペースを生む。その意味で，思考の螺旋は解放に向かうものである。

(3) **下書き**　※要旨をアウトラインとして肉づけし，下書きをする

タイトル：眠れない夜

【序】
　一日には朝と夜とがある。朝には朝のすがすがしさがあり，夜には夜で神秘的な雰囲気をもっている。どうしても眠ることができなくて困ってしまうというほどではないのだが，夜，一人で部屋にいると，胸のなかがうずうずしてくる。つい哲学したりと，たしかに夜は自分が自分を確かめるのに最適の時間なのかもしれない。一度，思考をスタートさせると，心のかゆみがいつの間にか部屋のなかに充満してしまって，この眠れない夜に居合わせてしまったことに意味を見いださずにはいられなくなってしまう。
　どうしても言葉にできないそのときの気持ちを，少しは頭のスッキリしている朝の間に，あの夜がまたやってこないうちに，いくらかでも言葉にできればと思う。

【不安定な自己】
　眠れない夜は，自分自身が不安定になりがちだ。ひょっとすると不安定なときだからこそ，その夜を迎えることになるのかもしれない。不安定なときには，何もする気にならないが，無性に何かをしなくてはと思い，掃除やネットサーフィンなどいろいろやってはみるものの，どうしても満足できない。
　そうしているうちに哲学が始まる。不安定なままではいたたまれないので，安定を求めようとする。その解決手段に結論はないという結論を導きながら，じたばたしてしまう。不安定さを忘れたいだけなのかもしれない。だから，わざと遠くのコンビニまで足を運んでしまったりする。
　不安定な自己は，自身の形を求めて雲のように姿を変える。けれども，もともとが不安定であるがゆえに，確かな姿を形成できない。束縛するものが何もないので，自由自在そのものだ。形を変え続けるように見えて，気づかないうちに最初の形に戻ってくることもある。なぜならば，形を変える作業は自分との対話，つまり自問自答によるもので，それは枠の中の無限だと言えるからである。

【枠の中の無限】
　では，枠の中の無限とは何か。それは，自分との対話，つまり自問自答はキャッチボールのようなものだが，不安定なときには自分の立ち位置がわからない。立ち位置が確認できないので，同じところにボールが帰ってきても初めて来たと認識してしまう。だから思考は無限に広がっていく。しかし，いくら広がっても，自分という枠を超えることはない。ボールの描く軌道に二つと同じものはないのだけれども，それは，立ち位置のわからない一人二役の間を行き来するだけだ。

P.125に続く

P.124から続く

　そんなときには何度も布団の中で寝返りを打ってしまう。右を向いたかと思えば、次は左を向いて。無限に変化しているように思うが、一歩引いて見てみるとあまり変わっていない。その意味で、無限のようであって、枠の中の無限でしかないと言える。枠の中の無限において、思考の筋道は螺旋をたどる。

【思考の螺旋】
　思考の螺旋は無である。無は何も生み出さないが、無は有のためのスペースである。
　自分の枠の中を駆け巡る思考はどんなに大きな軌道を描いても枠からはみ出すことはないが、それはいつか出る悩みの解答を受け入れるための、スペースを耕しているように思われる。
　その意味で、思考の螺旋は解放に向かうものだ。結局、眠れない夜の違和感を解くには、思考することがもっとも近道なのだ。不安定な自己が不器用にも枠の中の無限という制限のなかでもがくだけだから、違和感をスッキリさせることはできない。しかし、思考が螺旋のように渦巻き、枠の中を埋めていけば、いまの自分がもっていない何かを収めるための、空間が生まれてくるだろう。

【まとめ】
　眠れない夜には何の意味もない。そんな夜を乗り越えることに意味があるのだ。乗り越えるなんて格好のよいことはいえないかもしれない。不安定で行ったり来たりする自分を嫌でも見なければならないからだ。
　けれども、それは自分の姿そのものである。そうすると、眠れない夜は一番自分に近づくときであると言えるだろう。自分は原点であり、原点は原点であり続けその姿を変えない。しかし、思慮を駆けめぐらせながら繰り返しそこに立ち返ることで、やがては一歩先へ足を伸ばすことができるようになるのだろう。

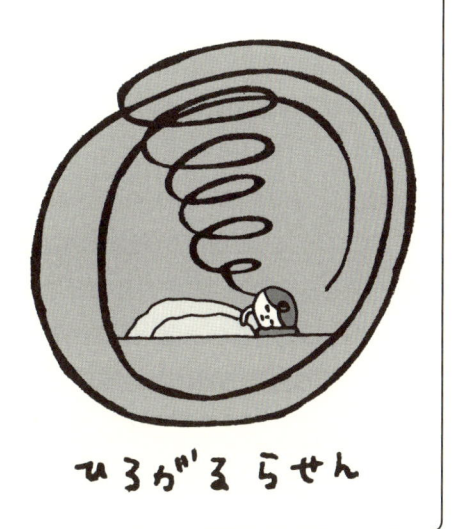

ひろがるらせん

※用語を網かけで示しました　　　　　　　→このあと、さらに清書をして仕上げます。

23 概念を組み込んで理論を作ろう

ねらい：諸用語を構造化して理論を作る
方　法：諸用語を相互に組み込んで定義する

✻ どんなワーク？

　このワークでは，諸概念（用語）を構造化して理論を作る方法を学びます。理論づくりの中心となる重要なワークです。このワークに取り組むことにより，長編の論理的な文章が書けるようになります。文系の論文作成の基礎となる方法です。

✻ 手順は？

感じ・考えるワーク》》》　　　　　　　　　　　　　　　　　　　　◀ シート21　P.131

手順0〉準備

　概念組み込みシート（概念を定義する）をダウンロードします。または，白い紙に必要に応じて枠を作り，作成例にならって進めます。このワークは1人で行います。◀ シート21

手順1〉テーマを決める

　この段階は，前のワークと同じです。テーマを決め，簡単に書きます。テーマとする「からだの感じ」のフェルトセンスを十分に感じてから始めましょう。◀ シート21 ①

手順2〉3〜4つの用語（概念）を選ぶ

　テーマにしている「この感じ」のフェルトセンスの中心を言い表す用語を，3つ呼び出すような気持ちで待ち，出てきた用語を，それぞれをA，B，Cとします。ここで選んだ用語は，このワークを経て構造化され**概念**になります。

　「21.『〜は…である』を使って考えよう」や「22. 性質を考えて思考を深めよう」に引き続いて行う場合，前の段階で用いた用語を使うとよいでしょう。ここで新たに選び直してもかまいません。選び直すときは，テーマにしているフェルトセンス全体をよく感じて選び直します。◀ シート21 ②

手順3〉各概念を残りの諸概念を使って定義する

　3つの用語は同じフェルトセンスのなかの用語ですから，何らかの関係があるはずです。まず，用語Aを，B，Cを使って定義します。定義するというとむずかしそうですが，用語Aが，

23. 概念を組み込んで理論を作ろう

テーマにしている「この感じ」のフェルトセンスのなかではどういう意味なのかを，用語B, Cを使いながら説明すればよいのです。「20. 理論とは」(P.112参照) のワークの要領で行ってください。この要領で，用語BをCA，用語CをABを使って定義していきます。 ◀シート21 ③

A、B、Cを相互に組み込もう

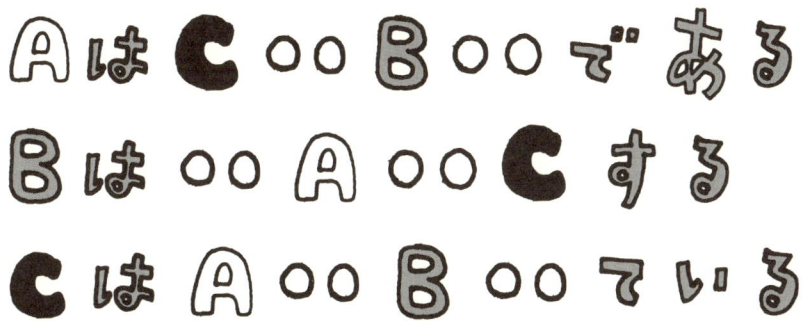

AはC○○B○○である
Bは○○A○○Cする
CはA○○B○○ている

フェルトセンスの理論ができました

手順4〉必要な概念を追加し，諸概念の定義に新概念を組み込む

　フェルトセンスの中心を表現するために必要な概念を，必要なだけ追加していきます。新しい用語は，フェルトセンスに照らし合わせて，重要だと感じられるものにします。前のワークに引き続いて行っている場合は，これまでに出てきた語のなかから，重要なものを拾い上げて追加するとよいでしょう。新しく追加した概念をXとします。 ◀シート21 ④

　新概念Xを，諸用語ABCの定義に組み込みます。ＡＢＣの定義の文章は変えずに，そのなかにXの定義を書き加えます。作成例 (P.131参照) では，X「発見」を加えました。下線の部分が新たに加わり，その他の文章は元のままです。A「対話」，B「選択」，C「自画像」の定義に「発見」が組み込まれました。 ◀シート21 ⑤

新しい概念が追加される

手順5〉新概念を諸概念を使って定義する

　概念を追加するたびに，新しい概念を，すでにある諸概念を使って定義します。作成例 (P.131

参照）では新概念Ｘ「発見」を，Ａ「対話」，Ｂ「選択」，Ｃ「自画像」を使って定義しました。
◀ シート21 ⑥

手順６〉出来上がった理論の中心を，すべての諸概念を使って簡潔に表現する

手順４，５は，必要なだけ繰り返します。必要に応じて記入欄を追加して進めます。

いつやめるかは，フェルトセンスに照らし合わせて決めましょう。フェルトセンスが，「これで中心部分はだいたい言えている」と感じたら，終了します。

「20. 理論とは」（P.112参照）で，「理論」を「概念（語）の構造体」，つまり「いくつかの概念（語）が互いに組み込まれひとまとまりの構造をなしているもの」と定義しました。諸概念が諸概念によって相互に定義されたとき，諸概念は互いに連結され構造体になります。テーマとしたフェルトセンスの**理論**が出来上がったということができます。

最後に，すべての諸概念を使って，フェルトセンスの理論をなるべく簡潔に表現しておきましょう。この文章が，テーマとしたフェルトセンスの**理論の骨格**です。理論の骨格は小論文の要旨になります。◀ シート21 ⑦

書き・交わすワーク〉〉〉　※上級編のワークを続けて行うときは省略します。　◀ シート22 P.132〜133

「感じ・考えるワーク」で作ったシート21をもとにアウトラインを作り，シート22に下書きをします。前のワークのように用語チェーン型アウトラインを使って，短めの文章に仕上げることもできますが，ここでは，小見出し型アウトラインを使って，長い文章を書く方法を学びます。

小見出し型アウトライン

```
1. 概念を使って，理論の骨格を書いておく
2. いくつかのパートに分け，それぞれのパートの中心概念を明確にしておく
3. 中心概念を使って小見出しを作る
4. 小見出しの配列を考える
```

手順０〉準備

下書きシート（小見出し型）をダウンロードします。または，白い紙に必要に応じて枠を作り，作成例にならって進めます。◀ シート22

手順１〉いくつかのパートに分け，小見出しをつける

長い文章を書く場合，全体をいくつかのパートに分け，それぞれに小見出しをつけます。理論の骨格（要旨）を，いくつかのパートに分け，同時に，それぞれのパートの中心概念（複数でもかまいません）を選びます。

手順２〉小見出しを作る

選んだ概念を使った小見出しを作ります。

手順３〉小見出しの配列を考える

要旨にそって展開するよう，小見出しの配列を考えます。このようにすると，小見出しで使用し

た概念を中心に本文が展開することになるので，構成がしっかりし，長い文章も破綻なくまとまります。小見出しの配列がアウトラインになります。 シート22 (1)

　小見出しを配列するときに，理論の骨格（要旨）から離れないよう注意してください。離れてしまいそうな場合は要旨を修正します。このとき，テーマにしているフェルトセンスを十分に感じ直し，常にそこに戻るようなつもりで行ってください。フェルトセンスを感じながら進めることで，一貫性のある文章になります。

手順4〉パート間のつながりを作る

　小見出しで区切られる部分を**パート**と呼ぶことにします。パート間のつながりを考えます。「フック型」と「熊手型」を紹介します。適宜，自分に合った方法を応用して使ってください。

パート間のつながり（小見出し型アウトライン）

> フック型：1つのパートの最後で，次のパートの見出し中の概念に言及して終わります。同一の概念が「フック」となってつながっていきます。「フック型」で書くためには，小見出しを配置する段階で，概念のつながりに配慮しておく必要があります。
>
> 熊手型：最初に「A，B，Cについて述べます」などと諸概念を提示します。そのあと，まず概念Aを中心に展開するパートを書き，次に概念Bを中心に展開するパートを書き，最後に概念Cを中心に展開するパートを書くというふうにつなげていきます。
>
> ※フック型と熊手型を混合して用いてもかまいません。大きなパートを熊手型で組み立て，中くらいのパートをフック型でつなぐなど，2段階にするのもよいでしょう。

　作成例（P.132参照）を見てみましょう。「本論」を，「1．読書は心の自画像をつくる」「2．対話する」「3．選択により始まる」「4．発見と発展」の4つのパートに分割し，パート間をフック型でつないでいます。 シート22 (2)

手順5〉パート内部のつながりを作る

　パート間のつながりを作ったら，次はパート内部のつながりを作ります。

　それぞれのパートの内部も，上記の「フック型」や「熊手型」を使って作ることもできますが，パート内部は短いので，キャッチコピー型アウトライン（P.58参照）を使って書いてみます。小見出しに使用した概念を使ってそのパートの内容を短い1つの文で表現する**一文表現**を作り，下のように展開します。

パート内部のアウトライン（キャッチコピー型アウトラインを応用）

> 1. 一文表現＝結論（AはBである）
> 2. 一文表現の簡単な説明（なぜならば……）
> 3. 経験や資料（例えば……）
> 4. 経験や資料のまとめ（このように……）
> 5. もう一度，一文表現＝結論（だから，AはBである）→省略してもよい

作成例（P.132 参照）では，パート内部をキャッチコピー型アウトラインを使って書いています。例えば，「2．対話する」のパートは，「概念 A：対話」を中心に展開するパートで，小見出しにも「対話」を使っています。パート内部は，次のようになっています。

最初に「対話とは」とそのパートの内容を一文表現で表し，引き続いて「なぜならば」と詳しく説明しています。次に「例えば」と実例をあげ，最後に「このように」とこのパートの内容をまとめます。これでパート内部がまとまります。

さらに，パート間をフック型でつなぎます。結びの文で，次のパートの中心概念「B：選択」に言及し，「選択」の語をフックとして，次のパートの小見出し「3．選択により始まる」につながっていきます。 シート22 (2)

手順6〉「序論」と「まとめ」をつける

冒頭に「序論」として執筆の背景を，末尾に「まとめ」として全体の結論や今後の課題を追加します。全体の結論は，理論の骨格（要旨）と同内容になります。 シート22 (2)

手順7〉清書をして読み合う

全体を見直しましょう。テーマにしたフェルトセンスがよく表現されており，かつ，ほかの人にもわかる文章になっていることが必要です。誤字脱字をチェックし，書式を整えます。複数の人と交換し，読み合いましょう。

✳ どんな意味があるの？

このワークでは，諸概念を諸概念を使って定義し，お互いがお互いのなかに組み込まれました。どれから出発してもお互いに行きつくように，相互に固く連結され，概念の構造体ができました。「20．理論とは」（P.112 参照）で定義したように，概念の構造体が理論です。諸概念を互いに組み込むことにより，理論が出来上がったのです。

いったん理論が出来上がると，その理論を使ってさまざまなことが説明できるようになります。このワークで新しい概念を，すでにある諸概念を使って説明したように，外からの刺激（語）に対しても，諸概念を使って説明することができます。だれかがあなたに質問したとします。それを「からだの感じ」を使って考えてみましょう。そして自分が作った理論で説明してみてください。自分の理論の諸概念を使いながら，筋道を立てて説明することが可能なはずです。その筋道が論理です。うまく説明できないときは，理論がさらなるものを必要としているのかもしれません。次のワークで，理論を精緻化させる方法を学びます。

このワークで学んだ方法を使うと，文系の論文が書けるようになります。また，このワークの理論づくりの方法は，応用編の研究レポートでも重要です。

23. 概念を組み込んで理論を作ろう

シート21　概念組み込みシート（概念を定義する）　(作成例)

①テーマ　※フェルトセンスがくっきりしているテーマを選ぶ

読書をして楽しんでいるときのフェルトセンス

②新たな用語 3，4 個の選定　※これらが相互定義されたとき概念になる

A：対話　　　　　　　　　B：選択　　　　　　　　　C：自画像

③諸概念の相互定義　※各概念を残りの諸概念を使って定義する。諸概念が相互に組み込まれる

A を BC を使って定義する

　対話は相手を選択する行為であり，選択した話し相手を見れば，心の自画像に気づくことができる。

B を CA を使って定義する

　選択することは何かを捨てる行為であり，選んだものを追求することで，さらに自分と対話できる。選択する行為は自分を客観的に見ること（自画像）にもとづく。

C を AB を使って定義する

　自画像は，何を通して描くかによって違ってくる。媒介物を選択することも重要である。そこに映った像と対話し，自分の至らない部分を改善しようとする。

④新概念の追加　※新しい概念 X を加える　　X：発見

⑤新概念の組み込み　※諸概念 ABC の定義に新概念 X を組み込む

A を BC を使って定義する

　対話は相手を選択する行為であり，対話を重ねていくことによって，自分自身だけでは気づかなかった部分を発見させてくれることがある。選択した話し相手を見れば，心の自画像に気づくことができる。

B を CA を使って定義する

　選択することは何かを捨てる行為であり，捨てたものを見ても自分の性格が発見できる。選んだものを追求することで，さらに自分と対話できる。選択する行為は自分を客観的に見ること（自画像）にもとづく。

C を AB を使って定義する

　自画像は，何を通して描くかによって違ってくる。媒介物を選択することも重要である。それに何を発見させようと望むかにかかっている。そこに映った像と対話し，自分の至らない部分を改善しようとする。

⑥新概念の定義　※新概念 X を諸概念 ABC を使って定義する

X を ABC を使って定義する

　発見は自分の思想，趣味を，1 冊の本のなかから集中して選択することであり，自分の知らなかった部分を見つけることである。その部分と対話することで，次第に自画像が見えてくる。

※必要なだけ新概念を加え同様に繰り返す

⑦理論の骨格　※理論の中心をすべての概念を使って簡潔に書く

　読書とは自画像との対話である。自分自身の何かをもとにしてつくられた人格を相手に対話を推し進める。本を選択することに始まり，対話を続け，新しい自分を発見し，自分を発展させていく。

※用語を網かけで示しました

シート22　下書きシート（小見出し型）　　　　作成例

> (1)**アウトライン**　※理論の骨格（要旨）をいくつかに分割し，諸概念を使って小見出しを作り配列する
> 序論→本論（読書は心の自画像をつくる，対話する，選択により始まる，発見し発展する）→結論

(2)**下書き**　※アウトラインにそって書く

タイトル：読書論

序論

　今日では，テレビはもちろん，多くの人がインターネットに親しみ，子どもまでが携帯メールをやりとりしている。情報伝達速度は速くなり，膨大な量になっている。情報があふれる社会では，どのような姿勢で情報を発信し，受け取るかが問題となる。事柄に即した価値観にとどまらず，価値観の源である相対的人格が問われる時代になったといえるだろう。それをつくるひとつの方法が，読書である。読書とは心の自画像をつくる行為だからである。以下，この過程を詳しく述べていく。

本論

1. 読書は心の自画像をつくる

　読書は，本を媒介に心の自画像をつくる行為である。自分の姿を知るには本が媒介となるからである。自画像は，鏡などの媒介物を通して自分を描く。鏡に映った自分自身と向き合い，どう描くか，どういう姿勢をとるか，どこを描くかを選択する。鏡の像のなかに何かを発見し，その特徴を発展させて絵にする。読書の場合，この媒介物が本である。

　読書は，日常では味わえない感覚を与えてくれる。本の内容を理解するには，共感できる経験・知識が必要である。人は読書から，知らなかったこと，気づかなかったことを学ぶ。こういったことを通じて次第に自分自身の心の姿が見えてくる。

　私の人生では，坂口安吾の『堕落論』が大きな影響を及ぼした。この本は，私の感性に直接語りかけ，私の関心や思考の方向性をはっきりさせてくれた。また，ドストエフスキーの『地下室の手記』を読んだときは，自分がモデルではないかという恐怖を味わった。主人公のひねくれた虚栄心がそのまま当時の私にあてはまっていた。鏡に自分の汚い部分が映し出され，気がつかないようにしていた自分自身の本性というものを暴き立てられてしまった，そういう経験だった。そこから新たに自分の生き方を問い直すことになった。

　このように，読書とは，本を鏡として，そこに映し出される自分の知識や感性を知ることである。それらを把握し，自画像をつくる過程で大切なことは，もう一人の自分との対話である。

2. 対話する

　ここでいう対話とは，本に映し出された相手と自分との対話である。なぜならば，読書は，完全な他人というわけでもなく，完全な自分自身の分身というわけでもないものを相手としてなされるからである。本には著者の世界・知識に自分の経験・知識が反映されて完全な自分自身でないから，対話を進めるにつれ，自分自身だけでは気づかなかった自分の側面が発見される。また，読書は相手の速度ではなく自分のついていける速度で進められるため，その分相手に対する反論や賛成なども考えつきやすい。一方的な講義以上の対話性を有している。

　例えば，私の場合，坂口安吾やドストエフスキーといった自分の好きな作家に関する評論を読むとき，書いている評論家に対して，賛成する点，反対する点，気づかされる点がある。そこではその評論家の感性・知識と自分自身の感性・知識とが対話をなしている。

　このように，読書というものは自分の心と相手の心との対話で成り立っている。だから，心の自画像を描くためには，本に映し出された相手と向き合い，対話しなければならない。そして，その対話において最初になされる最も大事なことは選択である。

P.133へ続く

23. 概念を組み込んで理論を作ろう

P.132から続く

3. 選択により始まる

　対話は，相手を選択する行為から始まるが，その相手によって対話の方向性が定まってくる。なぜならば，相手を選択することに，すでに自分の価値判断が入っているからである。ある本を読むこととは別の本を読まないことである。ある本を選んだことには選んだ理由があり，それ以外を選ばなかったことにも，それなりの理由があったはずである。選択した話し相手を見るだけで，はやくも自分自身の心の自画像に気づくことができる。

　例えば，私の場合，村上春樹といっただれでも知っている有名な新しい作家ではなく，坂口安吾といったあまり本を読まない人には知られていない古い人の作品を読むのが好きだ。そこから，他人が好き好んでいくところにはあまり行かないという自分のひねくれた性格が見えてくる。また，いきなりドストエフスキーの長編に挑戦しようとしたことから，膨大な量のページ数にもひるまない好奇心が備わっているとわかる。一般的に，その人の本棚を見ればその人の性格がわかると言われる。

　このように，何かを選択するという行為と何かを捨てる行為によって，自分自身の性格が発見できる。さらにその発見した自分を出発点として，次第に自分の心の自画像が見えてきて，自分を発展させていくことができる。

4. 発見と発展

　心の自画像を描く過程においては，発見と発展が重要となる。なぜならば，自画像を描くためには，自分の性格を発見するだけでは足りず，発展させなければならないからである。ここでいう発見とは，一冊の本を選択して，そのなかから，集中的に自分自身の思想，趣味や，自分自身の知らなかった，気づかなかった部分を見つけることである。また，発展とは，その内容を深く突き詰めていくことではなく，その内容を自分のものとすることである。

　例えば，「ウサギと亀」といった昔話を読んでいるとき，その話から成功または失敗の原因を見つけ，それをもとに教訓を導き出すとする。原因を見つけるのが発見で教訓を引き出すのは発展である。発見はできても発展ができないこともある。本のなかの言葉をそのままほかの場面で引用したとしよう。たいていの人は本をよく読んでいるとか，頭がよいとか思うだろう。だがなかには，中途半端に頭のよいやつほど人の言葉を借りたがるものだと思う人もいるかもしれない。つまり，前者はその言葉の価値を発見したことに敬意を表しており，後者は相手の言葉をそのまま抜き出すだけであってその言葉に含まれている発想・思考を自分のものにしていない，発展させていない，ということから軽蔑しているのである。発見をしたからには，その発見を自分のものにするように発展させることが求められる。

まとめ

　読書は心の自画像を描くことである。それは，本を選択して対話の方向性を決めることに始まる。本を鏡として，自分の知識や感性を把握し，本のなかの著者と対話しながら，集中的に発見と発展を連続していく。これを繰り返すうちに自分の人格がつくられていく。つまり，読書とは本を媒介として，自分自身を理解し，自分の心を成長させる行為である。それが心の自画像を描くということである。

※概念を網かけで示しました　　　　　　→このあと，さらに清書をして仕上げます。

24 理論を精緻化しよう

ねらい：理論を精緻化する
方　法：概念の入替，統合，細分化を行う

✳ どんなワーク？

　このワークは「23．概念を組み込んで理論を作ろう」の「感じ・考えるワーク」に続けて行います。作った理論をさらに**精緻化**したいときに使います。精緻化とは，詳しく細かくすることです。研究論文を書くときには，入念に行います。その他の場合も，部分的に行ってみると，新たな気づきが得られます。作成例では，一般的な小論文に展開しています（P.140～141参照）。
　このワークの作業は，パソコンを使うと便利です。

✳ 手順は？

感じ・考えるワーク 〉〉〉
　　　　　　　　　　　　　　　　　　　　　　　　　　シート23　P.138～139
手順0 〉準備
　概念組み込みシート（理論を精緻化する）をダウンロードします。または，白い紙に必要に応じて枠を作り，作成例にならって進めます。 シート23

手順1～4 〉用語（概念）を選び，相互に組み込む
　手順1～4までは「23．概念を組み込んで理論を作ろう」と同じです（P.126～127参照）。
　作成例（P.138参照）は「感じ・考えるワーク」の手順5が完了したところから掲載しています。用語の構造化，追加を繰り返し，最終的に，A「違う角度からとらえる」，B「発想の転換」，C「疑問をもつ」，X「離れる」，Y「自分」，Z「俯瞰する」，O「『異』を受け入れる」，P「情報」，Q「判断」，R「根本的な（に）『なぜ』」の10個の概念を相互に組み込みました。 シート23 ①②

手順5 〉類似概念を入れ替える（入替）
　概念の追加と定義の過程を振り返ってみましょう。よく似ている用語のどちらを採用するか迷うような場面はありませんでしたか？　そのとき候補となった言葉を拾いあげてメモしましょう。これらの語はテーマにしている事柄のフェルトセンスのなかでは「似た意味を表す語」といえるので，**類似語**と呼びます。
　構造化が完了した諸概念の定義の文章の1個の概念（例えばY）を，その概念の類似語（例えばS）と，すべて入れ替えてみましょう。意味を考えず，機械的に入れ替えます。パソコンの一括変換機能を使うのもよい方法です。

24. 理論を精緻化しよう

　類似語が入れ替わった諸概念の定義を,「からだの感じ」で感じながら, 1つ1つていねいに読んでいきます。意味が通じるところは通じることを確認しましょう。通じないところはなぜ通じないのかを考え, 気づいたことをメモしましょう。◀ シート23 ③

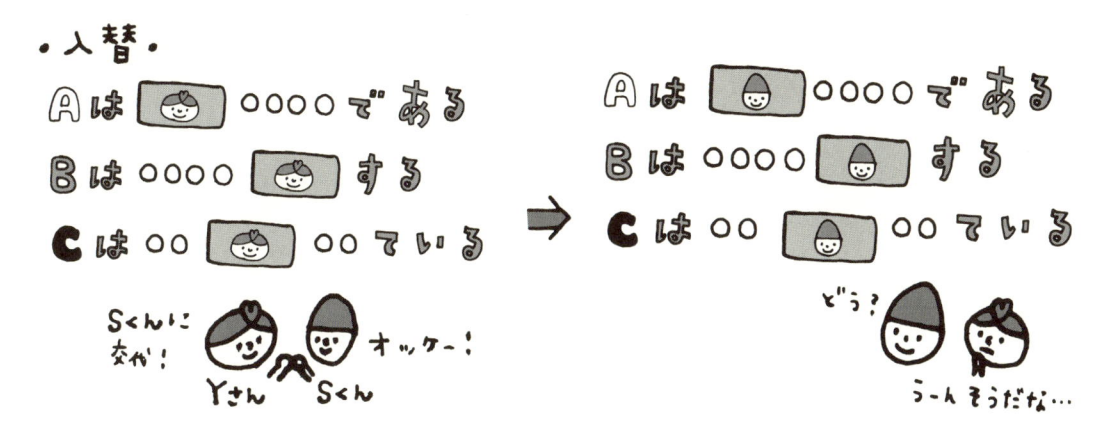

・入替・

Aは 🧒 ○○○○ である
Bは ○○○○ 🧒 する
Cは ○○ 🧒 ○○ている

Sくんに交代！　オッケー！
Yさん　Sくん

→

Aは 🧒 ○○○○ である
Bは ○○○○ 🧒 する
Cは ○○ 🧒 ○○ている

どう？
うーんそうだな…

　作成例（P.138参照）を見てみましょう。Y「自分」を追加するときに, S「軸」という語が出てきて, どちらを採用するか迷ったので, 諸概念の定義中の「自分」を, すべて「軸」と入れ替えてみました。そして, それを読んで気づいたことをメモしました。その結果,「自分」と「軸」はほぼイコールであるが,「自分の考え」と「軸」はイコールではないことがわかり,「自分の考え」は変わるが「自分」は変わらないのだと, テーマにしているフェルトセンスのなかでの「自分」の概念が, さらに詳しく定義されました。これを**概念が精緻化された**といいます。

手順6〉類似概念を統合する, 細分化を行ってみる

　諸概念のなかで, 類似する意味を表現している用語がないかどうか見てみましょう。これも類似語といえます。今度は, 類似語をどちらか一つに**統合**してみましょう。

　作成例（P.139参照）では, 概念X「離れる」とZ「俯瞰する」が似ているので, 諸概念の定義からZ「俯瞰する」を除き, X「離れる」のみに統合してみました。そして, それを読んで, 気づいたことをメモしました。その結果,「離れる」だけでは発想の転換はできず,「俯瞰」してスペースをつくり, ほかの考えも受け入れることによってはじめて発想の転換が可能になるというふうに,

・統合・

Aは 🧒 ○○○○ である
Bは ○○○○ 🧒 する
Cは ○○ 🧒 ○○ている

ボクたち似てるよ　じゃあ, 1つにしてみよう
Zくん　Xくん

→

Aは 🧒 ○○○○ である
Bは ○○○○ 🧒 する
Cは ○○ 🧒 ○○ている

さて, どうじゃるか

「離れる」と「俯瞰する」の違いが明確になりました。

　反対に，1つの概念が，使用箇所により微妙に異なった意味を表現していると感じることはありませんか？　そのような場合は，1つの概念をさらに**細分化**してみましょう。シート23④⑤に書きとめます。必要に応じて記入欄を追加します。◀ シート23 ④⑤

　作成例（P.139参照）では，作業の過程で，P「情報」には3種類あるという考えが浮かんできたので，諸概念の定義中の「情報」を，「情報1」「情報2」「情報3」と細分化してみました。そして，それを読んで気づいたことをメモしました。その結果，テーマとするフェルトセンスのなかでの「情報」には，「判断しないでもっている受身の情報」（情報1），「発想の転換をする過程で必要となる情報」（情報2），「発想の転換をしたことで新たに得る情報」（情報3）の3種類あることがわかりました。これらの過程でより適切な別の語が見つかったら，その語に対して**入替**を行ってみてもよいでしょう。

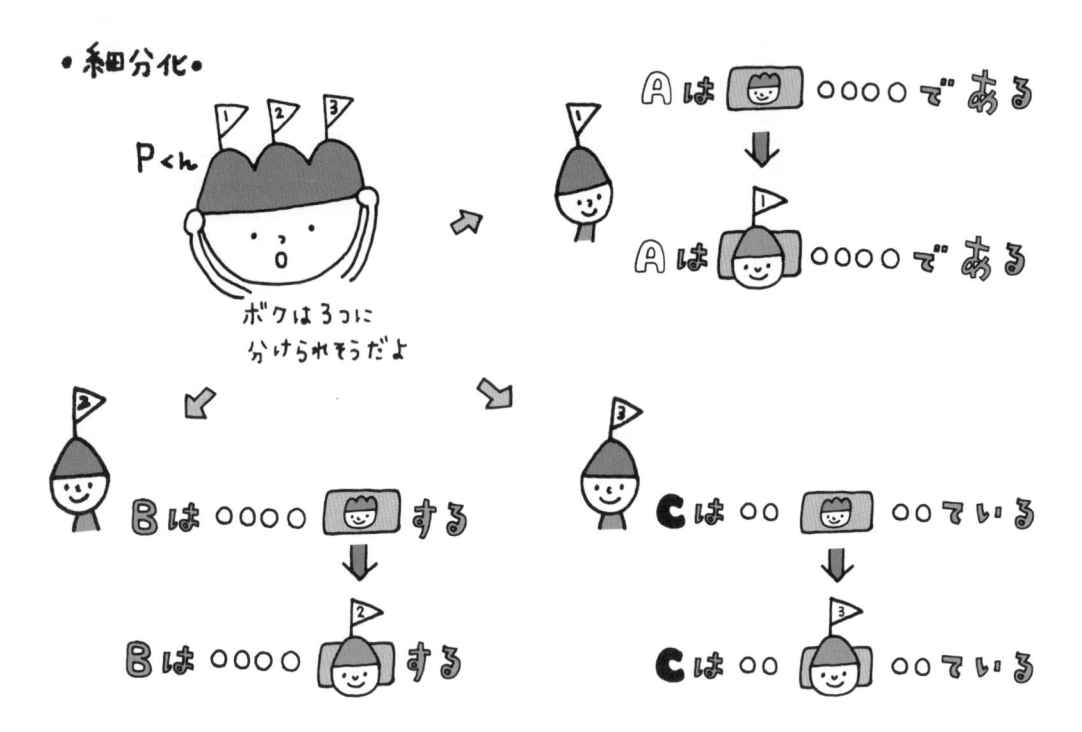

　このように，構造化が完了した諸概念の定義に対して，入替，統合，細分化などを，さまざまに試み，気づいたことをメモしながら考えます。その過程で，さらに概念が精緻化していきます。

手順7 〉出来上がった理論の中心を，すべての諸概念を使って簡潔に表現する

　手順5，6の作業は，必要なだけ繰り返します。フェルトセンスが「これ以上作業したい語はない」と感じたら，終了します。

　入替，統合，細分化等で気づいたことを反映させながら，諸概念を使って，フェルトセンスの中心部分を，なるべく簡潔に表現しましょう。これが**理論の骨格（要旨）**になります。構造化が完了した時点（入替等を行う前の時点）で出来上がっていた主要な構造は変化させずに，大事なポイン

24. 理論を精緻化しよう

トを詳しく書くようにします。シート23⑥に書きましょう。 ◀ シート23 ⑥

　もしも，大幅な変更を行いたくなったら，前のワーク「23. 概念を組み込んで理論を作ろう」に戻り，概念を選ぶところからやり直します。

書き・交わすワーク 》》》　　　　　　　　　　　　◀ シート22 P.140～141

　「感じ・考えるワーク」で作ったシート23をもとに，アウトラインを作り，前のワークと同様にシート22に小見出し型アウトライン（P.128参照）を使って書きます。 ◀ シート23 → シート22

手順0～4〉概念を精緻化して理論を作る

　P.140～141を見てください。

　概念組み込みシートに書き出した理論を，アウトラインを使ってさらに精緻化していきます。

手順2〉清書をして読み合う

　全体を見直しましょう。あなたのテーマにしているフェルトセンスがよく表現されており，かつ，ほかの人にもわかる文章になっていることが必要です。誤字脱字をチェックし，書式を整えます。複数の人と交換して読み合いましょう。

✳ どんな意味があるの？

　この章では，構造化が完了した理論を，さらに精緻にする方法として，入替，統合，細分化を紹介しました。精緻化の方法はほかにもあるでしょう。いろいろ工夫してみましょう。

　理論の精緻化に終わりはありません。私たちは，日々新しい経験に遭遇します。生きている「からだ」は，一刻一刻，新しい経験を刻み込んでいます。それに伴い，「からだの感じ」も変化します。ときどき立ち止まって，自分の理論を見直してみることが必要です。そのとき，「23. 概念を組み込んで理論を作ろう」で学んだ新概念の追加と，このワークで学んだ入替，統合，細分化が役立つことでしょう。新概念として，ほかの人の発言で気になった言葉，あるいは，世のなかで話題になっていて気になる言葉を組み込んでみるのもよい刺激になります。

　大切なことは，よく感じること，そして，いったんは，理論の構造化を完了すること，そしてそのあと，その理論を精緻化することです。新しい経験や，ほかの人とのコミュニケーションが，あなたの理論をさらに発展させていくのです。

シート23　概念組み込みシート（理論を精緻化する）　〔作成例〕

①テーマ　※フェルトセンスがくっきりしているテーマを選ぶ
主体的に考えるとはどういうことか

②諸概念の相互定義
　　　　　　　※諸用語を残りの諸用語を使って定義する（3つから出発し，必要な概念を追加した）

A：違う角度からとらえる	B：発想の転換	C：疑問をもつ	X：離れる	Y：自分（の考え）
Z：俯瞰する	O：「異」を受け入れる	P：情報	Q：判断	R：根本的に（な）「なぜ」

Aを定義する

違う角度からとらえるということは，自分の考え方に疑問をもってその考え方からいったん離れて俯瞰してみることである。そうすると，「異」を受け入れることができ，自分とはどう違うのかということや，もしくは自分ではまったく考えてもみなかったことに気づき，それに関連する新たな情報も得ることができる。自分の考え方が適切かどうか，その考え方が違うときは根本的に「なぜ」を考えて，以前とは違うアプローチの仕方で判断することができる。それは発想の転換を試みるということである。

　　　　　　　　　　　　　　　　　BCXYZOPQRも同様に定義する（省略）

③入替　※概念を類似語に入れ替え，気づいたことをメモする。必要なだけ繰り返す

Y：自分を，S：「軸」に入れ替えてみる

Aを定義する

違う角度からとらえるということは，「軸」の考え方に疑問をもってその考え方からいったん離れて俯瞰してみることである。そうすると，「異」を受け入れることができ，「軸」とはどう違うのかということや，もしくは「軸」ではまったく考えてもみなかったことに気づき，それに関連する新たな情報も得ることができる。「軸」の考え方が適切かどうか，その考え方が違うときは根本的に「なぜ」を考えて，以前とは違うアプローチの仕方で判断することができる。それは発想の転換を試みるということである。

　　　　　　　　　　　　　　　　　BCXYZOPQRも同様に行う（省略）

（メモ）「軸」とは離れる起点となるもの。考えに疑問をもつこと，物事を違う角度からとらえること，発想の転換すべての源である。「軸」とは変わらないものである。自分≒軸。「軸」は比較できるものであり，基準のようなもので，軸≠「自分の考え方」ではない。自分の考え方は変わる要素をもつ。「軸」は比較する前提にあるもので，基準のようなものだから延長線上に変わる要素がある。「土台」という言葉もあるが，「土台」は，固定してるもので固まってる。変わる要素がない。「軸」は自分とも言えるものだから，動かない。軸の見方が変わる（考え方が変わる）と，「軸」が動いたように見えるだけで，「軸」そのものは動いていない。「軸」とは，そこから発信していくものであり主体となるものである。

P.139へ続く

24. 理論を精緻化しよう

P.138から続く

④統合 ※類似の概念を統合し，気づいたことをメモする。必要なだけ繰り返す

X：離れる，と，Z：俯瞰する，が似ているので，X：離れる，に統合してみる

Aを定義する

違う角度からとらえるということは，自分の考え方に疑問をもってその考え方からいったん離れてみることである。そうすると，「異」を受け入れることができ，自分とはどう違うのかということや，もしくは自分ではまったく考えてもみなかったことに気づき，それに関連する新たな情報も得ることができる。自分の考え方が適切かどうか，その考え方が違うときは根本的に「なぜ」を考えて，以前とは違うアプローチの仕方で判断することができる。それは発想の転換を試みるということである。

BCXYZOPQRも同様に行う（省略）

（メモ）離れる＝俯瞰する？　離れるとはただ自分の考え方を横においてみるだけで，ほかの考え方を視野に入れようとはしていない。俯瞰するのはその次の作業で，「異」を受け入れるスペースをつくって，振り返って対象物（事柄）を見てみる（＝俯瞰する）。離れる≠俯瞰する。

⑤細分化 ※1つの概念を細分化し，気づいたことをメモする。必要なだけ繰り返す

P：情報に3種類あることに気づいたので，情報1，情報2，情報3に細分化してみる。

Aを定義する

違う角度からとらえるということは，自分の考え方に疑問をもってその考え方からいったん離れて俯瞰してみることである。そうすると，「異」を受け入れることができ，自分とはどう違うのかということや，もしくは自分ではまったく考えてもみなかったことに気づき，それに関連する新たな情報3も得ることができる。自分の考え方が適切かどうか，その考え方が違うときは根本的に「なぜ」を考えて，以前とは違うアプローチの仕方で判断することができる。それは発想の転換を試みるということである。

BCXYZOPQRYも同様に行う（省略）

（メモ）3種類の情報がある
情報1：振り回される情報。自分で判断しないでもっている情報。受身の姿勢。
情報2：発想の転換をする過程で必要となる情報。何が必要かわかってくる。
情報3：発想の転換をしたことで新たに得る情報（≒知識）。

⑥理論の骨格 ※理論の中心をすべての概念を使って簡潔に書く。小論文の要旨になる

主体的に考えるということは，自分の考えに軽く「なぜ」と疑問をもち，離れることから始まる。離れても，すぐに自分の考えを違う角度からとらえられるわけではない。違う考え（「異」）を受け入れてみようと思うことで，ほかの考え方をする余地（スペース）ができる。全体を俯瞰し，自分の考え方を1つの対象物として見ることができ，発想の転換ができる。そうすると，ほかの考え方とどこがどう違うのかと，根本的に「なぜ」と疑問をもつようになり，物事の本質をとらえようと試みるようになる。自分のいままでの価値観や，何が重要であるのかを立ち止まって考えるようになり，自分（軸）がより強固になる。この過程で，自分がもっていた情報のなかで，必要なもの，必要でないものがわかってくるし，新たな情報を得ることもできる。こうして，情報に振り回されるのではなく必要不必要を判断し，さらに，自分から新たに情報を得て判断できるようになる。これが，主体的に考えるということである。

※概念を網かけで示しました

シート22　下書きシート（小見出し型）　　　　　　　　　　　　（作成例）

(1)アウトライン　※理論の骨格（要旨）をいくつかに分割し，諸概念を使って小見出しを作り配列する

序論：だれでも壁にぶつかることがある。周りのせいにしがちだが，主体的に考えることが大切。→では，主体的に考えるとはどういうことか。

本論：軽く「なぜ」と疑問をもち，自分の考えから離れる→（しかし，離れるだけでは足りない）→俯瞰して違う考えを受け入れる，自分の考えを対象物として見られるようになる→根本的に「なぜ」と疑問をもつようになる→（情報が選別でき新しい情報も得られる）→自分がより強固になる（＝これが主体的に考えるということである）

結論：主体的に考えることとは，情報に振り回されるのではなく必要不必要を判断し，自分から新たに情報を得て判断できるようになることである。おおげさなことではなく，きっかけは日常生活で違和感があったら，軽く「なぜ」と疑問をもつことである。

(2)下書き　※アウトラインにそって書く

タイトル：主体的に考えるとは

序論

　　だれにでもうまくいかないことや，どうやってもダメだという壁にぶつかったり，何かしらの問題に直面したりという体験をしたことがあるだろう。そういうときに原因はなぜなのかと考えると，たいていは環境がこうだからできないとか，周りが自分の思っているように動いてくれないから遅々として進まないと思ってしまうのではないだろうか。もし，そのように思っているとすれば，問題の本質はそのように考えていることにある。

本論
1. 軽く疑問をもち，自分の考えから離れる

　　うまくいかないときは，自分の考えに固執している場合が多い。自分の考えに固執してしまうと，違うとらえ方もできるのはと考える余地がなくなり，視野が狭くなってしまう。行きすぎると，その考えしかないと思い込んでしまう。

　　自分の考えに固執してしまうときは，まずは自分の考えを捨てて，違う考え方をしてみるとよい。一度，自分の考えを疑ってみることだ。これはまさに発想の転換であるといえる。発想の転換とは，自分の考えから離れて，違う角度から物事をとらえるという作業である。

　　自分の考えから離れると，自分とは違う環境，文化，価値観などさまざまなものがあって，自分があたりまえだと思っていることが実はそうではないんだという発見があったりする。

　　しかし，離れるとはただ自分の考え方を横においてみるだけである。自分の考え方を止めるだけで，ほかの考え方を視野に入れてみようとするわけではない。自分の考えを右から左からと見るだけではなく，ほかの考え方も受け入れて広く見ることが大切である。離れるだけでなく俯瞰するのである。

P.141へ続く

P.140から続く

2. 俯瞰して異なる考え方を受け入れ，自分の考えを対象物としてみる

　俯瞰するというのは，自分の考えから離れたその次の作業で，「異」を受け入れるスペースをつくって振り返って対象物（事柄）を見てみることである。スペースができると，従来の自分の考えだけではなく異なる考え方を受け入れることができるようになる。その結果，自分の考えを，多くの考えのなかの一つとして，より客観的に見ることができるようになる。そうすると，自分の考え方が適切かどうか，ほかの考え方とどこがどう違うのか，なぜそうなるのかと考えるようになる。自分がすでにもっている情報に，以前とは違う仕方でアプローチできるようになり，違ったとらえ方ができるようになる。今日の情報化社会にあって，「情報を得る」だけなら瞬時にだれにでもできる。しかし「本当に必要な情報だけを得る」というのはなかなかむずかしい。

　必要な情報だけを得るということは，言いかえると，自分にとって何が必要・不必要であるかを見きわめることである，必要・不必要を見きわめるためには，何を知りたいのか，そもそも自分はなぜその情報を探しているのかと，根本的な「なぜ」を意識することがとくに重要である。

3. 根本的に「なぜ」と疑問をもち，自分を強固にする

　根本的な「なぜ」を意識していると，物事の本質をとらえようと試み，自分のいままでの価値観や，本来何が重要であるのかと立ち止まって考えるようになる。そうすると，それまではまったく考えてもみなかったことに気づき，それに関連する新たな情報を得ることができる。新たに興味のあることが出てきたり，自分の考え方が変わったりするかもしれない。すると，その事柄に関しての情報が必要になってくる。また，情報を得る過程で，自分が何も知らなさすぎるという思いも同時に感じてくる。自分を見つめなおしたり，自分の嫌な部分を見たり，自分でも気づかなかった一面が見えてくるかもしれない。この作業は自分をより強固にすることでもある。このように，根本的に「なぜ」と問うことは自分を広げることにつながり，自分がより強固になるのである。

結論

　主体的に考えることとは，情報に振り回されるのではなく，必要不必要を判断し，さらに，自分から新たに情報を得て，自分を強固にしていくことである。それは，おおげさなことではない。きっかけは，日常生活で違和感があったら，軽く「なぜ」と疑問をもつことなのである。

※概念を網かけで示しました　　　　　　　　　→このあと，さらに清書をして仕上げます。

フェルトセンスから理論を作る

ここまでやってきたことをまとめてみました

こういうことだったんだね

ゆるやかにまとまる
注意を向けると，フェルトセンスが「この感じ」としてまとまります。

構造体がしっかりしてくる
必要な概念を追加し，理論を発展させます。

入れたよ

いいよ

ボクたちも入れて〜

構造体ができてくる
用語（概念）を相互に組み込んで定義し，理論を作ります。

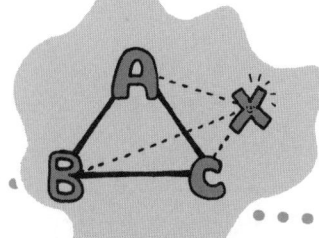

骨組みが足されていく
新しい用語を引き出し，さらに関係づけます。

ぽっと明かりが灯る
フェルトセンスが言葉になりはじめます。

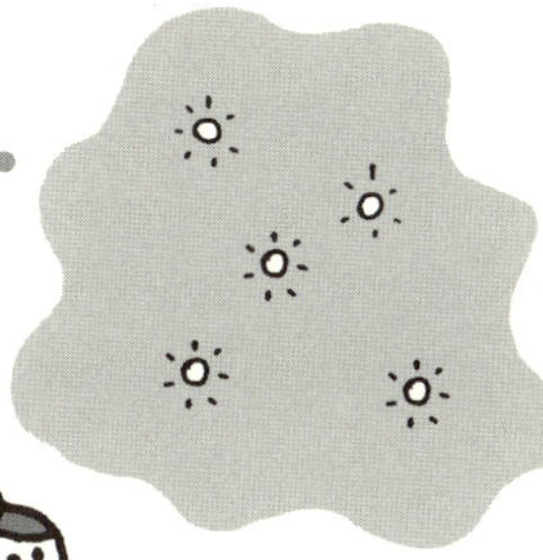

小さな明かりが灯る
フェルトセンスの中核を，だんだん言葉にしていきます。

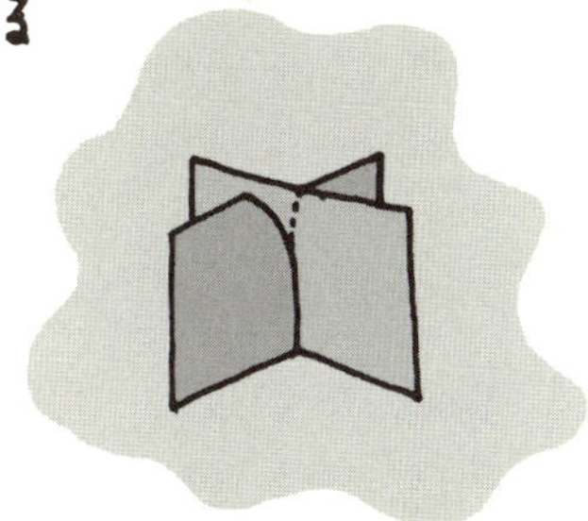

立体的になりはじめる
実例（面）相互の関係を見つけながら，フェルトセンスの広がりを確かめます。

構造体がさらにしっかりしてくる
刺激を受けると，主要な構造を保ったまま，理論が精緻になっていきます。

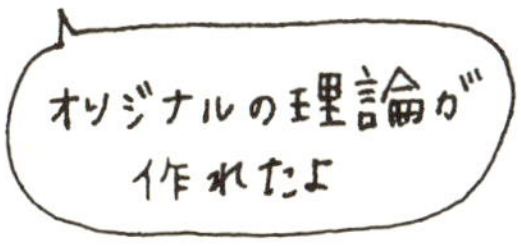

「オリジナルの理論が作れたよ」

立体的になってくる
フェルトセンスの全体を，多面的にとらえます。

主要ポイントが見えてくる
フェルトセンス全体を表現する用語を引き出します。

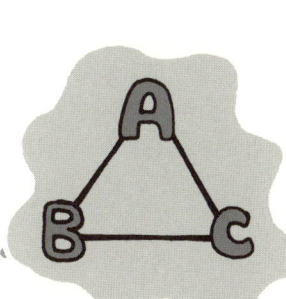

骨組みが見えてくる
用語をおおまかに関係づけます。

* 143 *

コラム3　清書後のチェックポイント

　このテキストの作成例は下書きの段階を掲載しています。このあと，原稿用紙に清書をしていきます。清書をするときの注意点をまとめておきます。最近はパソコンのワープロソフトを使用して清書することも増えてきましたが，重要ポイントは同じです。

文体のチェック

- 「だ・である体」（常体）と「です・ます体」（敬体）を混用しない。1つの文章ではどちらか1つの系統に統一します。小論文，研究レポートでは，常体を使います。
- 一文を短くする。一般的に，短い文のほうがわかりやすいので，好まれます。
- 主語と述語の呼応に気をつける。一つの文の中で主語を変えないようにします。

語彙のチェック

- 話し言葉を使わない。メモや下書きの段階ではかまいませんが，清書をするときには，書き言葉に修正します。※このテキストの本文はやや話し言葉口調で書かれています。
  よく見られる誤りをあげます（　）の表現に直しましょう。

　　〜だけど（〜だけれども），〜っていう（〜という），超○○（非常に○○）

  「すごい」「むかつく」などを使いたくなったら，フェルトセンスを感じ直し，より細やかな表現を引き出しましょう。

- 「ら抜き言葉」を使わない。大ざっぱに言うと，5段活用（「ない」をつけたとき，「ない」の前の音を伸ばすと「―あ（a）」になる）以外の動詞を可能形にするときには要注意です。よく見られる誤りをあげます。（　）の中の表現に直しましょう。

　　見れる（見られる），着れる（着られる），来れる（来られる），寝れる（寝られる），食べれる（食べられる），

- 呼応表現に気をつける。「まったく〜ない」「めったに〜ない」「おそらく〜だろう」「きっと〜にちがいない」「〜（し）たり〜（し）たり」など，呼応表現に気をつけましょう。

書式のチェック

- 各行の一番上（横書きの場合は一番左）のマス目に「,」「。」"」"を書かない。一番上にきてしまう場合は，前の行の最後のマス目に文字と一緒に書くか，欄外に出して書きます。
- 段落の始めは1文字分，空ける。内容にもよりますが，400字から1000字程度の文章の場合は3つ以上，1000字から2000字程度の文章の場合は5つ以上の段落ができるでしょう。適切に段落分けがしてあると読みやすい文章になります。反対に，まったく段落分けされていないと，非常に読みづらくなります。気をつけましょう。

応用編
（実況中継）研究レポートを書こう

このテキストで学んできた方法（TAE）は，
質的研究法として応用できます。

質的研究は量的研究に対応する概念で，
物事を，数や量の多少ではなく
質のいかんに着目して研究します。
人間や社会の，複雑な現実を対象に，
そのことのもつ「意味」を探求します。

慣れ親しんでいる領域で，データを集めましょう。
経験をノートに記録していくだけでもよいのです※。
うまく言葉にできないけれども，
何か「知っている感じ」があれば，
それをテーマに，研究が始められます。

応用編では，
研究した人に感想を語ってもらいながら，
実況中継風に紹介していきます。

※「伝え返し」の要領で，だれかにインタビューを
　させてもらうのもよい方法です。

　ここでは，TAEを質的研究法として応用し，研究レポートに取り組んだ例を，物語風に紹介します。得意なことや，長く続けていることをテーマにデータを集めれば，自分なりの理論が作れます。ウォーミングアップ編，初級編，中級編，上級編と学んできたことを，つないで行います。

25-1 舞ちゃんのレストラン論

✳ この章の紹介

　大学4年生の舞ちゃんの実家は，那須高原のふもとでイタリアンレストランを経営しています。舞ちゃんは，子どものころから，両親がレストランを切り盛りするのを見ながら育ちました。

　大学入学と同時に東京に出てきた舞ちゃんは，カフェでアルバイトを始めたのをきっかけに，新しいレストランやカフェに行くたびに，店のメニューや特徴を「レストランノート」に書きとめていくことにしました。少しずつ書きためたノートが，4年目を迎えていっぱいになりました。

　ノートを読み直すと，レストランにもカフェにも，食べたり飲んだりするだけではない「プラスαの何か」があるような気がします。そこで，「接客業の極意」と題し，レストランノートをまとめ，研究レポートを書くことにしました。←ウォーミングアップ編

✳ マイセンテンスを作る

　所属研究室のまる先生に手伝ってもらいながら，TAEを使って質的に分析することにしました。最初はマイセンテンスづくりです。まる先生のところに相談に行くと「レストランノートを何度も読み直して『プラスα』の感じをよく感じてみて。言葉にならなくてもいいから『この感じ』として感じられるようになったら始められるよ」と言われました。

　先生にガイドしてもらいながらマイセンテンスを作りました。「レストランは満たす空間である」「レストランは比べる空間である」等8つの文ができました。レストランノートの大事な部分が少し言葉にできたような気がしました。← 10. マイセンテンスを詩にしよう

✳ 実例を集めてパターンを見つける

　次は，実例を集める段階です。まず，レストランノートを見ながら，特徴的な実例を，パターンシート（研究用）の「実例」の欄に書き出します。そして，その実例に表れているパターンを書きます。先生の説明によると，パターンは「多くの実例の中に繰り返し表れる可能性があるもの」です。

　その後，同じパターンがあてはまる実例と，裏返しのパターンがあてはまる実例を，シートの「ほかの実例」の欄に書いていきます。必要なときはパターンを少し変形したり，気がついたことを，

メモ欄に記入したり新しくパターンシートを追加したりしながら進めます。

　パターンシートは 16 枚できました。シートにまとめると，自分でも全体がわかってきた感じがしました。シートを 1 枚だけ紹介します。← 14. 社会に提言しよう

パターンシート（研究用）
※実例からパターンを見つける。ほかの実例（含：裏返しのパターンの実例）を付け加える

パターン1	店が客をつくる
実例	レストランK。予約したときの名前を覚えていて，「〇〇様，ご予約ありがとうございます」と言われる。覚えているんだなあ。自分も印象に残る。
ほかの実例	・注文が聞き取れなかったらしい。「はぁっ？」と言われて，こっちも店員に気を使わなくなる。「もう一度よろしいですか」とかなんとか言えないものか。店員の態度が悪いと，こっちも，店員に気を使わなくなる。（S店） ・A店は高級店であり有名店。予約して行った。一緒に行った友達が，ルーズな格好をしてきてしまった。あきらかに嫌な顔をされた。自分たちが上という感じ。店員さんは，タキシード。（A店） ・A店と同じ日に同じ格好で行ったKA店。やはり高級店で有名店。店員さんはタキシード。「こんな格好ですみません」と言ったら，「うちはサンダルでも大丈夫ですから」と言ってくれた。「こういう店はやっぱりいいなあ」と思った。帰りも「またお越しください」と傘をくれた。高級ってこういうことなんだ。勉強になった。（KA店） ・目線の送り方が，視線が落ちてる。通りすがりに見る感じ。緊張感がない。単に見られている感じ。こっちもだらけてくる。（KY店） ・店員の挨拶が控えめで，落ち着いた接客。上品さの演出だと思った。静かに言われると大きな声では返さない。店側がボリュームを調節してると感じる。（R店） ・入ったときに，店長がメーカーさんと話していて，挨拶しなかった。これはダメ。感じ悪いな。期待できないな。（F店）
メモ	高級な店や，落ち着いた店はていねいな接客が多い。そのような店は，自分が少し上品になれる。格好をきちんとするなど，ていねいな接客をさせるに価する人間になる。りんとするのである。そのような店では，きちんと気構えをし，料理と向き合う。

✻ 交差する

　次に，パターンとパターンシート（研究用）を交差させていきました。まる先生の説明は，「例えば，パターン 1『店が客をつくる』をめがねにして，あとの 15 枚のパターンシート（パターン，実例，ほかの実例のすべて）を，1 枚ずつ読んでよく感じる。気づいたことをメモする」でした。「めがねにして見る」というのは，「このなかに，店が客をつくるといえる要素はないかなあという目で見る」ということだそうです。気づいたことを交差シート（研究用）にメモします。

　「むずかしく考えないでね。う〜んっとからだで感じてみて，出てきたことは何でも書けばいい

んだよ」と言われたので，気楽に始めました。初めのうちは楽しくやっていました。発見もあって，けっこう，面白いんです。でも，やってもやっても終わらない。パターンシートが16枚でパターンも16個なので，16×16−16＝240。だんだん，自分がいったい何をやっているのかわからなくなってきました。

　先生に相談したら，「休みながら少しずつ分けてやればいいんだよ。作業を始めるときは，いつも最初の『プラスα』のフェルトセンスを感じ直してね」とのこと。「とにかくやるっきゃない」。交差は本当に疲れました。交差シートの一部を紹介します。あと15枚あります。交差をやって考えが広がったし，「よく考えた」っていう実感はあります。終わるころには，何かまとまりが見えてきたような気がしました。← 18. 経験から論じよう

交差シート（研究用）　※パターンと，パターンや実例を順次交差し，気づいたことをメモする

パターン1	店が客をつくる	
交差するパターン　※パターンシートを見ながら行う		交差して気づいたこと
パターン2	異空間ではほかの客との関係が大事である。	客は，ほかの客の雰囲気を査定し，合わせる。
パターン3	満たしたいものを，その値段で買うかどうか査定する。	客は，店側が準備しているものを，査定する。
パターン4	配慮されると，こちらの感性も鋭くなって，配慮に気づく。	店の配慮が客をつくる。
パターン5	店に入った瞬間，雰囲気を感じとって，いまの自分に合うか察知する。	店が好む客が，集まってくる。

※このあとパターン16まで続きますが，省略します

✳「〜は…である」を使って用語を関連づける

　交差が終わったので，理論づくりの段階に進むことになりました。「これまでやったこと全部を見直して，舞ちゃんがテーマにしているレストランの『プラスα』のフェルトセンスをよく感じながら，そのなかに，フェルトセンスの中心を含む，なるべく多くの部分が入るような大きな三角形をイメージしてみて。3つの頂点に言葉を置くとしたら，どんな言葉がいいかなあ」と言われました。でも，正直なところ「？？？」という感じで，何をすればよいのかわかりません。

　「いままでやってきて繰り返し使っていた言葉とか，いま，舞ちゃんが大事だと思う言葉でいいんだよ」と言われたので，とりあえず「『客目線』『店目線』とか，こんなんでいいんですか」と言ってみました。「ここで選ぶ言葉はお互いに似ていないほうがいいんだけど，2つは両方とも『目線』だよね。じゃあ，2つをまとめて『目線』にしようか……『視線』っていう言葉もあるけど……，どっちがいいかなあ……」と先生も一緒に考えているみたい。「視線」のほうが，「視線を送る」と

25-1. 舞ちゃんのレストラン論

か「視線が交わる」とかいろいろ使えそうです。
　「じゃあ，視線にします」ということで1つ決めました。1つ決まると出てくるもので，あとの2つは「空間」と「快のやりとり」にすんなり決まりました。「快のやりとり」は最初のころから気になっていた言葉です。「空間」は交差の途中から気になり始めた言葉です。
　3つの用語が決まったので，『『～は…である』を使って考える」をやりました。最初に「快のやりとりは視線である」の文をくずさずに，「プラスα」のフェルトセンスに合う文を作りました。「快のやりとりは視線で始まるものである」ができました。組合せと順序を変えて6回行いました（作成例は省略します）。← 21.「～は…である」を使って考えよう

✻ 性質を考えて思考を深める

　次に「性質を考えて思考を深める」をやりました。「快のやりとりは，もともと視線である」の文を作って，それを見ながら「快のやりとりは視線の性質をもっている。それはなんだろう」と考え，出てきたことをメモします。
　ここは，メモを書きながら新しい用語を見つけるところですが，よくわからなかったので，メモだけ書いてまる先生に見せました。先生はメモを見ながら，一緒に新しい用語を考えてくれました。「ここで大事なのはこの言葉かなあ」とか「ここで気づいたことはこのことかなあ」というふうに，質問してくれます。「そうそうそれ！」というのも，「ちょっと違うかも」というのもありました。違うときは自分の案を出しました。例えば，「快のやりとりは，もともと空間である（快のやりとりは，もともと空間の性質をもっている）」のとき，先生は「線」「糸電話」を提案してくれましたが，ぴんとこなかったので「むすびつき，か，つながりか……つながりがいいです」と決めました（作成例は省略します）。
　ここで出てきた新しい用語「路線図」は，お気に入りの用語です。「空間は，もともと視線である」のメモを書いているときに，ふと出てきました。山手線が真ん中に丸く書いてある東京の鉄道路線図です。「そうだ，レストランにあるのはこれなんだ！」と大発見した気持ちでした。← 22. 性質を考えて思考を深めよう

✻ 概念を組み込む

　研究レポートもいよいよ最終段階です。結論はどんなふうになるのかなと，自分でもわくわくします。まる先生のガイドの始まりはいつも同じ。「最初の『プラスα』のフェルトセンスをよく感じ直してね」。「ハイハイ」。だいぶ慣れてきました。
　「フェルトセンスの中心を表す用語を，あらためて3つ選び直して。4つでもいいよ」ということですが，前と同じ「快のやりとり」「視線」「空間」が出てきます。
　「前と一緒じゃダメですか」「別にいいよ。でも，1つくらい新しい語にして出発してみない？

入れたい語はあとからいくらでも入れられるよ」とのこと。そこで、「空間」の代わりに、「配慮」を入れて始めました。これは、「視線は、もともと空間である」のときに出て新用語にした言葉です。

最初に「快のやりとり」とは何かを、ほかの2つ「視線」「配慮」の語を使いながら定義しました。定義というのは「言葉ではっきり説明すること」だそうです。次に「視線」を「配慮」と「快のやりとり」を使って定義し、最後に「配慮」を「快のやりとり」と「視線」を使って定義しました。

ここからあとは、入れたい語を入れたいだけ入れてよいそうです。まず「空間」を復活しました。次に、パターンを出したときに出てずっと気になっていた「査定」を加えました。1つ用語を加えるたびに、前の用語の定義のなかに、その言葉が入るように、文章を部分的に変形させます。そして、加えた用語を、前からある用語すべてを使って定義します。やっているうちに、同じことを繰り返し言っているような気がしてきました。まる先生に話すと、「考えがまとまってきたっていうことだから、それいいんだよ」ということです。

もう加えたい用語はないなと思ったとき、「マナー」の語が浮かびました。いままで使っていない言葉ですが、重要な言葉のように感じます。「ここで新しい言葉を入れてもいいですか」と聞くと、「舞ちゃんが必要だと思ったら入れてもいいよ」ということなので、加えることにしました。「快のやりとり」「視線」「配慮」「空間」「査定」「マナー」の6個を、それぞれほかの5個を使って説明（定義）する文章ができました。← 23. 概念を組み込んで理論を作ろう

まる先生が、「用語が構造化できたね。これからはこの用語を概念と呼んでいいよ。舞ちゃんのレストラン論の骨格ができたよ。舞ちゃんは、小さいけれどもオリジナルな理論を作ったんだよ」といってくれました。「そうですか。私、理論を作っちゃったんですか」。理論といえるのかどうかわかりませんが、自分の言いたいことは言えていると思います。まる先生に助けてもらったところもあったけれど、自分もよくがんばったなと思います。できてよかった！

最後に6つの概念を使って、言いたいことの全体を、なるべく短く書きました。これを**ストーリーライン**と呼ぶそうです。すべての語を最低1回は使うのがルールです。先生は「テーマは『接客業の極意』だから、最後はそれに結びつけて終わってね」と言いました。

ストーリーライン ※出来上がった理論の中心をすべての概念を使って簡潔に説明する

レストランで客を満たすための基本事項は、快のやりとりである。快のやりとりは、空腹を満たすことや、言語によるコミュニケーションでも行われるが、すべてのきっかけは視線である。客は視線で査定する。客は、店の第一印象、清潔度、料理の盛りつけ、空間、スタッフの様子、周りの客の様子等、ありとあらゆるものを視線で査定し、快・不快になる。

店は視線で配慮する。視線の送り方、過ごしやすい空間づくり、料理の盛りつけ、などがある。客はレストランに視覚的な快を求めてやってくる。その欲求を満たすことは店側の配慮である。視線による快のやりとりの前提としてマナーがある。もちろん、視線の送り方もマナーの一つである。店側は、接客のマナーを身につけなければならない。客は過ごし方、食べ方のマナーを身につけなければならない。客本人も空間の一部であり、客がマナーをよくすると、

空間は快になる。ときにはマナーが悪い客を注意することも，ほかの客への店側の配慮である。レストランの空間は，視線の路線図である。人があっての視線であり，人の視線が空間をつくる。視線は交わるときもあれば，交わらないときもある。同じ空間を見ていても，見方や思うことは人それぞれである。さまざまな視線に配慮して快のやりとりの空間をつくることが接客業の極意である。

※概念を網かけで示しました

「接客業の極意である」で終われて，めでたしめでたし。これで完成です。「私の言いたい『プラスα』はこれだったのか」っていう感じです。

✱ まとめる

「まとめ方はどうしようか」とまる先生。「まだ続きがあるんですか？」「いま作ったのは理論の骨格だからね。ほかの人に伝えるためには，まだまだ工夫が必要だよ」ということで，図にすることにしました。図にするのはむずかしくて，なかなかうまくいきません。先生もいろいろ提案してくれますが，どれもぴんときません。「そうだ」と思い出して，先生に携帯電話に保存していた写真を見せました。あるレストランで，一緒に行った友達が料理を食べている写真です。「こんなふうに一人のお客さんが1枚のお皿と向かい合ってる感じが中心なんです。じーっとお皿を見ていて，そしてうしろにほかの席とか，店のいろいろなものがあるんです。」と先生に説明しました。

まる先生は「なるほど。お皿が大事なのね」と納得した様子。次のような図になりました。

視線の路線図

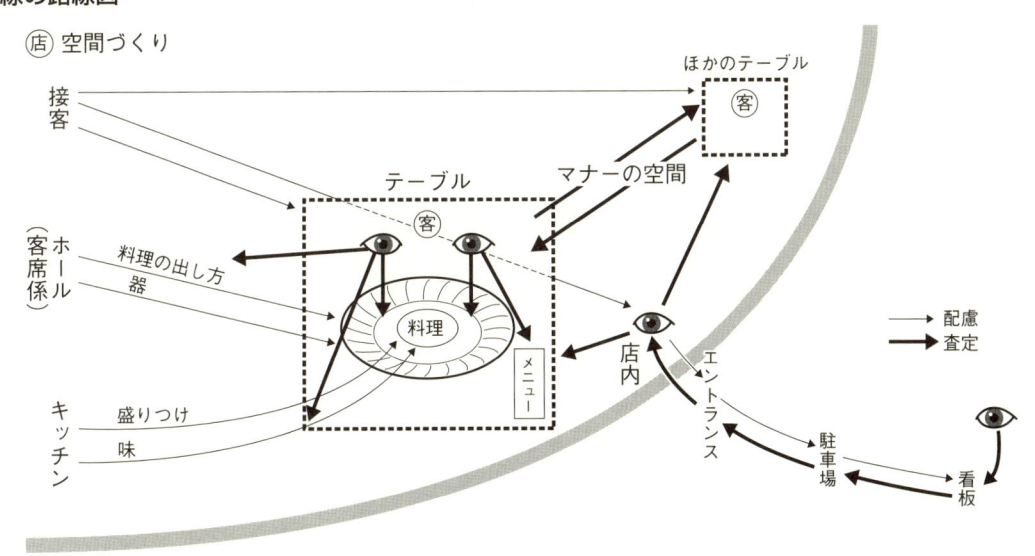

✳ 書く

まとめの図ができました。まる先生は「これを中心にして,レポートの形にしようね」と言って,「次のような構成で書くといいよ」とアドバイスをくれました。

レポートの構成

執筆動機：なぜこの研究をはじめようと思ったのかを書く。舞ちゃんの場合は,レストランノートをつけ始めたときのことを書けばいいよ。

研究目的：「プラスα」をはっきりさせたいと思ったっていうことなんだけど,レポートにするときは「接客業における視線の重要性を可視化する」っていうことでいいんじゃないかな。可視化というのは,漠然とわかっていることをわかりやすく目に見える形にするという意味だよ。視線が見えるようになるわけじゃないよ(「わかってますよ!」)。

研究方法：どうやってデータを集めたかの「資料収集方法」と,どうやって研究分析したかの「分析方法」を書きます。「資料収集方法」では,レストランノートについて説明してね。「研究方法」のところは,「ジェンドリン博士のTAEを応用した方法で質的に研究した」と書いてください。

結果と考察：まとめの図とその説明を書いてください。説明は,ストーリーラインを使って書くと,書きやすいよ。

今後の課題：1つの研究でわかることは小さなことだから,まだまだ足りないところもあるよね。この研究の続きをやるとしたら,どんなことをしたいかな? 舞ちゃんの考えを書いてみて。

参考文献：本や雑誌をいろいろ読んだよね。そのなかで役に立ったものを書いておいてね。

「下書きができたら,また,持ってきてね」と,まる先生。せっかくここまでやったのだから,ちゃんとレポートの形にしようと思います。

✳ 伝える

舞ちゃんの実家のイタリアンレストラン「アルアイン」は今年20周年です。節目の年に研究レポートをまとめられたのはうれしい偶然です。舞ちゃんは,このレポートを「アルアイン」と両親にプレゼントしたいと思っています。「お父さん,お母さん,長い間ごくろうさまでした。これからも家族みんなでがんばろう」。

25-2 ゆかさん&らんさん in "お伊勢さん"

✳ この章の紹介

　部員数156人のバスケ部のマネージャーをつとめるゆかさんにとって，今日は久しぶりの休日。渋谷で，以前から気になっていた宮藤官九郎監督の映画『真夜中の弥次さん喜多さん』を見ることにしました。江戸時代に書かれた十返舎一九の『東海道中膝栗毛』をもとにした作品です。さまざまな珍事件に遭遇しながらも固い決意を持って「伊勢」をめざす弥次さん喜多さんの姿に「お伊勢参りにはただの旅行ではない『プラスα』がありそうだ。それは何だろう」と興味をもちました。江戸時代に「お伊勢参り」の風習があったことは何となく知っていましたが，ゆかさんは伊勢神宮に行ったことがありません。そこで，夏休みに，高校時代の友人らんさんを誘って伊勢神宮に参拝することにしました。←ウォーミングアップ編

✳ マイセンテンスを作る

　お参りを済ませた日，所属研究室のまる先生に，携帯メールで報告しているとき，ゆかさんの頭に，ふと「お伊勢参りはゲートボールだ」という文が浮かびました。この文を「マイセンテンス」にして，お伊勢参りの体験をまとめてみようと思い立ちました。← 11. マイセンテンスから書こう

✳ 経験からパターンを見つける

　秋になって東京に戻ったゆかさんは，まる先生の研究室を訪ねました。「先生，帰ってきました」「メールをありがとう」「お伊勢さん，楽しかったです。マイセンテンスができちゃいました。先生に出したメールに書いた『お伊勢参りはゲートボールだ』なんですけど，いいですか」とゆかさん。「ふつうはシートに書き込みながら作るんだけど，自然に出てきたら，それでいいよ。それをマイセンテンスにして続きをやりましょう」ということで，宿題を出されました。
　宿題は，お伊勢参りの経験を書き出すということです。ゆかさんは，旅行中，その日の出来事や自分の感じたことを日記に書いていました。それを見ながら，自分にとって大事だと感じられる経験をカードに書き抜きました。似ている経験をまとめてグループをつくり，それぞれのグループの中で代表例を1つ選びました。9つの経験が選ばれました。
　次に，9つの経験からパターンを見つけました。パターンを見つけるのは，まる先生と一緒にやりました。パターンを見つけることは「蚊取り線香」のようでした。先生に「この経験の大事なところはどこかな」とか「で，そのときどんなふうに感じた？」などと質問されて説明しているうちに，ゆかさんの頭の中にいろんな言葉があちこちに，ばらばらと浮かんできます。ある言葉とある

言葉がかみ合ったときに,「しめた,これだ。OK」という感じでパターンができます。ぐるぐるまわる蚊取り線香が真ん中にたどりついてぽとっと落ちる,「自分で自分の考えていることがわかる感じ」です。9つの経験から10個のパターンができました。一部を紹介します。← 14．社会に提言しよう

パターンシート（経験）

経験	パターン
経験1 行くまでも,行ってからも一緒に行った友達とたくさん話した。見聞きするものの感想であったり,ふだん考えていることだった,ふだんこういう矛盾を感じているとか。思い出したくないと思って旅行に出たのに,話に出てくるのは東京のこと。意外にも面白おかしく話せる。そのことに違和感があった。	パターン1 日常から離れ,日常を話す。
経験6 お伊勢参りといっても,伊勢神宮だけに行ったのではない。近くの観光地にも行って,ついでに楽しんだ。旅館近くにあった夫婦岩にも夜と朝2回もお参りした。伊勢神宮に行く前に,京都にも寄った。友達に会うため,観光のため。すべてを含めて「お伊勢参り」だった。	パターン6 伊勢神宮に行くことだけが「お伊勢参り」ではない。
経験7 内宮でも外宮でも,お参りをきちんとした。きちんとした方式でお参りした。順序,秩序をよく守った。入る前の御手洗から帰るときの御手洗までしっかりやった。ふだん読まない注意書きまでもていねいに読み,本当に正しくお参りした感じがした。	パターン7 改まった姿勢でお参りに臨んだ。

パターンを出してみて,「私のお伊勢参り」が何だったのかがだいぶわかってきました。昔の人はどうだったのかが,ますます気になります。先生に聞いたら,「本や研究論文を読んでみるといいね」ということで,文献集めが宿題になりました。「でも,その前に自分の経験についてもう一歩進んでまとめておくほうがいいと思うよ。そのあとで,文献から得る知識と照らし合わせてみたらどうかな」ということで,まず,パターンを使って自分の経験同士を交差させてみることになりました。

✱ 自分の経験同士を交差させる

自分の経験から見いだした10個のパターンと,9個の経験を交差させました。あとで先行研究（文献）と照らし合わせる予定なので,気づいたことが新しいパターンになるように簡単に表現しました。10×9−9＝81で,81個の新しいパターンができました（作成例は省略します）。← 18．経験から論じよう

❋ 先行研究からパターンを見つける

　江戸時代の人にとっての「お伊勢参り」が何だったのかを知るために，文献を読みました。そのなかで，自分が大事だと思う箇所をカードに書き抜き，似ているものを一つにまとめ，パターンを取り出しました。36個になりました。一部を紹介します。← 14. 社会に提言しよう

パターンシート（先行研究）

先行研究	パターン
先行研究1 『軽口露がはなし』巻五の七に，お伊勢参りに行く船の中で，路銀がなくなった人のために乗客が寄付をした話が出ている。	パターン1 お伊勢参りでは参拝者同士の助け合いがあった。
先行研究2 ケンペル『江戸参府旅行日記』に，「通詞」がお伊勢参りの人たちに，「汚れてはいけない」とオランダ人に近づかないように呼びかけていたこと（外国人に近づくと汚れると考えられていた），忌みに服しているものはお伊勢参りができないことが書かれている。	パターン2 汚れ（けがれ）が避けられた。
先行研究3 ツェンペリー『江戸参府随行記』に，お伊勢参りをする人は名前を書いた椀を持っているが，水を飲んだり喜捨を受けたりする目的のほかに，途中で死亡した場合に身元がわかるようにという目的もあったと書かれている。	パターン3 お伊勢参りは命がけであった。
先行研究4 お伊勢参りの大衆目的に，享楽街ができ，古市の遊郭，古市仲之蔵の芝居興行は人気を博した。	パターン4 お伊勢参りの人が周辺の繁栄を支えていた。
〈参考文献〉 1. 武田八州満『伊勢まいり昔むかし』，2. 寺石悦章『伊勢神宮の庶民性と式年遷宮』，3. 島原泰雄『お伊勢参り』，4. 大河内朋子『1800年までのヨーロッパの文献にあらわれた伊勢地方』，	

　パターンを出しながら，「納得するなあ」とか，「昔はこうだったんだ〜。いまは違うなあ」とか，いろいろなことが浮かんできました。まる先生に話したら，「それはもう自然に『交差』が始まっているんだよ」とのこと。交差って，いつも知らず知らずのうちにやっていることなんですね。

❋ 自分の経験と先行研究を交差させる

　「じゃあ，もう交差は自然にやったということでいいんですか」と先生に聞いたところ，「ふだん，自然に『交差』をするのはとてもいいことだけれど，いま，ゆかさんは研究レポートを書いている

から，もう少し念入りにやるほうがいいね」ということで，自分の経験から出したパターンと先行研究から出したパターンを交差させることになりました。自分の経験から出したパターンは81個，先行研究から出したパターンは36個ですから，総当たりで双方向に交差させると5832回になります。ゆかさんの頭にカードの山に埋もれる自分の姿が浮かんできました。途方に暮れるゆかさんを見て「念入りというのは，機械的に手順をこなすことではないんだよ。多すぎるとかえって全体のまとまりが見えづらい。人間がやることだから，作業としての限界もあるしね」とまる先生。

　次のように行うことになりました。自分の経験から出したパターンと先行研究から出したパターンはカードに書いてあります。全部で117個です。先行研究からのパターン36枚を全体が見渡せるようにテーブルの上に並べ，自分の経験から出したパターンを1枚手に持ち，手持ちのカードとテーブルの上のカードを1枚ずつ照合するようなつもりで，自分の中で交差していきます。何か浮かんだときは，カードの番号と浮かんだ事柄をメモしていきました。照合するときは，「私が経験したお伊勢参り（手持ちのカード）に，江戸時代の人も経験したような面（テーブルに広げたカード）がないかな。江戸時代に行われていたお伊勢参りに，現代のお伊勢参りにも生きている面はないかな」と双方向に考えます。手持ちのカード1枚と，テーブルのカード数枚から1つのことが浮かんだときは，複数のカードの番号を書くようにしました。

　授業の空き時間を見つけては，図書館でトランプのようにカードを並べる日が続きました。はじめるとすぐに「何やっているの？」と友達から声がかかります。そのたびにせっかく感じていたフェルトセンスが途切れてしまうので，静かな場所を見つけるのが大変でした。1週間ほど通って100個の箇条書きメモができました。一部を紹介します。← 18．経験から論じよう

交差シート（経験と先行研究）

交差させたパターン	気づいたこと
経験のパターン24と先行研究のパターン20	仕事から解放されるから考えが軽くなる
経験のパターン24と先行研究のパターン23，13ほか	つらく厳しい旅も遊びを目標にがんばれる
経験のパターン48と先行研究のパターン17	ついでだからこそ気軽に遊べる
経験のパターン56と先行研究のパターン15，17ほか	自分の欲求がはっきりする
経験のパターン73と先行研究のパターン30，36	みやげ話をすることで，旅全体を整理する
経験のパターン79と先行研究のパターン23，24	順序が決まっていることをやり終えたら次の自由を楽しめる

✱「～は…である」を使って用語を関連づける

　交差が終わったので，理論を作る段階に入りました。先生が言うには「ここからが面白いところ」だそうです。まだまだ終わりそうにありません。研究レポートを書くって大変ですね。

「ゆかさんがテーマにしているお伊勢参りの『プラスα』のフェルトセンスをよく感じながら、その中に大きな三角形をイメージしてみて。3つの頂点に言葉を置くとしたら、どんな言葉がいいかな」と言われて、「ついで」「意識」「日常」の3つの言葉が出てきました。3つの用語が決まったので、「『～は…である』を使って考える」をやりました。最初に「『ついで』は意識である」の文をくずさずに、「プラスα」のフェルトセンスに合う文を作りました。「『ついで』にすることは、ふだんは意識されていなくて、お伊勢参りのときにだけ意識されるものである」ができました。組合せと順序を変えて6回行いました（作成例は省略します）。← 21.「～は…である」を使って考えよう

✻ 性質を考えて思考を深める

次に「性質を考えて思考を深める」をやりました。3つの用語「ついで」「意識」「日常」のうち2つずつを、「もともと」の語で結びつけ、例えば「意識は、もともと日常である」と文にして見てみます。そして、「そのように言える『意識』の性質は何だろう」と、その文をよく感じるというものです。感じたことをメモするうちに出てくる言葉のなかで大事だと感じられる言葉を、新しく用語として加えます。「不安定、安定、オプション、主目的、伊勢参拝、範囲、よそ者、見られる、アクション、積極的、選択」等、入れたい用語がたくさん出てきました。

この作業を終えたとき、ゆかさんは、自分の言いたいことの中心部分がはっきりしてきたと感じました。交差のときに、たくさん、いろいろ出ていたものが、すごくシンプルになっています。でもこれだけではないなという感じもあります。先生に言ったら、「まだ、理論づくりの途中だからね。このあたりで、ここまでの作業で気づいたことを、自由にメモしてみるといいよ」ということで、思いつくままに書いてみました（作成例は省略します）。← 22. 性質を考えて思考を深めよう

✻ 概念を組み込む

いよいよ理論を固めていく段階に入ります。「ゆかさんの『言いたいこと』の中心をもう一度よく感じてみて。『お伊勢参りには、ただの旅行ではない『プラスα』がありそうだ。それは何だろう』というのがテーマだったよね」と、まる先生。「言いたいことを感じながら、中心部分を表す重要な語を、3、4個選んでみて」。「この前に加えた新しい用語から選ぶんですか」「それは有力候補だね。三角形の頂点にした3つの用語から選んでもいいよ。ほかに選びたい用語があったらそれでもいい」ということで、ゆかさんは「プラスα」のフェルトセンスを感じてみました。「ついで」「伊勢参拝」「意識」「よそ物」「範囲」と5つ出てきました。「1つ減らせるかなあ」「どれも大事です」ということで、5つから始めることにしました。1つの用語を、ほかの4つを使って定義します。定義というのは「言葉ではっきりと説明すること」です。途中で新しく加えたい用語が出てきたら追加し、その新用語をもとからある用語を使って定義していきました。例えば、「ついで」

をほかの4つを使って定義しているときに，「積極的」が大事だと気づいたので，用語に追加し，

> <u>積極的</u>になるのは「ついで」の範囲である。<u>主目的</u>の範囲では伊勢参拝のことしか頭にないので，積極的に「～がしたい」とはならない。「ついで」の範囲にはオプションがたくさんあるので，「よそ者」として自らの<u>意識</u>を働かせて選択する。
> （メモ）伊勢神宮は特別な場所で，ここでは従順になる。主目的で従順になった分，ついでの部分では積極的になれる。

と定義しました。途中で「従順」が大事な用語だと気づき，追加しました。こんな感じで「特別な場所」「知り合い」等を加え，10個の用語を相互に定義し合いました。相互定義ができたとき，用語は，その理論のなかでの概念になるそうです。← 23．概念を組み込んで理論を作ろう

✳ まとめる

いよいよまとめの段階です。「10個の概念をすべて使って，ゆかさんのお伊勢参りの『プラスα』の中心を，なるべく簡潔に表現してみて」と言われました。これをストーリーラインというそうです。作るには作れたのですが，まる先生に「理論の骨格ができたよ」と言われても，ゆかさんは，「これでいいのかな」という感じでした。ところが，何度か読んでいるうちに，ゆかさんの頭の中に，「伊勢参拝（主目的）＋レジャー的要素（ついで）＝お伊勢参り」という公式が浮かんできました。そして，ほかの概念も「伊勢参拝（主目的）」「レジャー的要素（ついで）のそれぞれに対応させられそうだと見えてきたのです。ゆかさんにとって，これは，大発見！　一挙に「わかった」感じでした。まる先生が，「『わかった』という感じは『からだの感じ』だよ。ゆかさんの『プラスα』のフェルトセンスが，『オーケーサイン』を出してくれたんだね」と言いました。ゆかさんが先生に説明を始めたところ，「表にしてみたら？」と言われました。次のようになりました。

お伊勢参りの「主目的」と「ついで」の構造

	伊勢参拝（主目的）	レジャー的要素（ついで）
行動（アクション）	非日常的	日常的
行動時の気持ち	従順	積極的
行動の選択	しない	する
行動時の目的意識	意識されない	意識される
周囲との関係	知り合い	よそ者

表にしてみると，とても確かな感じがします。説明を始めるとすらすらと言葉が出てきます。話しながら自分が納得できている感じです。何か質問されても，どんどん答えられそうな気持ちです。

ゆかさんはこの表をもとに，先生に，お伊勢参りの体験をこんなふうに説明しました。

　　ふだんは，あまり神様を拝むことはない私ですが，行ってみると，伊勢神宮は特別な場所で

した。そこに集まる人たちは，見知らぬ人同士なのに「知り合い」のようでした。バスケの試合に集まる人たちが「仲間」と感じられるのと似ています。目的を共有しているからだと思います。伊勢参拝では，すべてに素直になれます。ふだんは決められたことをそのままやるのは退屈ですが，ここでは自分で選択するのではなく，決まりに従って行動します。注意書きをしっかり読み，正しい参拝をしようと一生懸命でした。何かに対して真剣に手を合わせるのは非日常的な行動ですが，無意識のうちにそうしていました。この特別な場所では神様の存在を素直に受け入れることができます。伊勢参拝では従順になることを楽しんでいたといえます。ほかの人たちも，皆，作法どおりに，きちんとお参りをしています。全国各地から来た人たちと一緒に，はるか遠い昔に想いを馳せます。「何をお祈りしようか」。自分が本当に大切にしているものに気づかされます。

「お伊勢参り」に「レジャー的要素」がつきものであることは，先行研究でもいわれています。古くは遊郭や芝居小屋がにぎわっていました。いまでも伊勢神宮の周辺には，参拝者めあての土産物店や旅館など，さまざまなものがあります。人はその範囲のなかから，積極的にやりたい行動を選択します。いかにおいしいものを食べるか，いかによい旅館に泊まるかと，自分が楽しめるものを選択します。でも，それらの多くは，日常生活から少し離れるくらいの範囲のことです。私の場合は，お団子を食べたり，かわいい小物を買い込んだり，露天風呂につかったり……。自分が，ふだんの生活でどんなことをしたいと思っているのかに気づかされます。友達も一緒にやるので，あまり考えずに「まあ，いいか」と，ちょっと贅沢をしてしまいます。

旅は，それ自体，非日常的だともいえますが，レジャー的要素の部分では，日常的な行動を，いつもとは違ったやり方で体験します。ごちそうを食べたり浴衣で寝たりするとき，「よその土地」に来ていることや，自分が「よそ者」であることを感じます。また，日常的行動を共にすることで，一緒にでかけた友達と親しくなることができます。でも，旅先に話したことは，旅のことよりも，ふだんの生活のことが中心でした。部活のこと，就職活動のことなど，ふだん，悩んでいることが，ここではなぜか明るく話せます。お伊勢参りを体験して，気持ちが軽くなりました。ふだんの生活やいつも周りにいる人に感謝したいと思いました。「帰ったらまたがんばるぞ」と素直にそう思える。それがお伊勢参りなのだと思います。

先生は，次のようにまとめてくれました。「なるほどねえ。ゆかさん理論によって，仮説的モデルが提示できるね。

『お伊勢参り』は，『伊勢参拝（主目的）』プラス『レジャー的要素（ついで）』という構造をもっていて，それぞれに範囲がある。『範囲』っていう用語はもっとよい用語に入れ替えられる気もするけどね。この構造は，人々に，2つの『範囲』を行き来させ，異なる自己を体験させる。非日常／日常，従順／積極的，無意識的行動／意識的行動，非選択的行動／選択的行動，つながり感／よそ者感の体験だね。2つの『範囲』を行き来する体験は，その人の，他者や世界（世の中）のとらえ方に，何らかの変化を及ぼす。『お伊勢参り』を終えて故郷に帰った人には，もとの生活が少し違って感じられる。2つの『範囲』のなかにあるものは時代により変

化するけれども，構造自体は昔もいまも変わらないというわけだね。
　分析結果がまとまったところで，もう一度，自分の経験と先行研究に戻って，そこに表れていることが，ゆかさんの仮説的モデルでうまく説明できるか，試してみるといいと思うよ。多くのことがうまく説明できるモデルはよいモデルということになる。さまざまな現象から秩序を浮かび上がらせることができるわけだね。うまく説明できないときは，仮説モデルをどんなふうに修正できるかを考えてみるといいね。そうすれば，モデルはもっと精緻でしっかりしたものになっていくよ。ここまで，よくがんばりました。とても面白い仮説モデルができたと思うよ」。

　分析を終えて，ゆかさんはとても満足しています。最初，「お伊勢参りはゲートボールである」と出てきたときは，「私は変なことを考えているのかな。わかってもらえないんじゃないかな」と，ごちゃごちゃしている感じでした。それが，わかってもらえる形になって，しかも自分の言葉でまとめられたので満足しています。この気持ちをひとことで言えば，「安心した」です。自分の中にいろんなものがインプットされてきて，そのままにしているとどんどんたまってしまいます。それを出すことができて「安心した」です。ただ人に話すだけでもよかったかもしれないけれども，きちんと形にして出すことができたので，「もっと安心」しました。

✱ 伝える

　ゆかさんと一緒にお伊勢参りに出かけたらんさんは，ブログで旅行の写真集を発表しています。ゆかさんは，いろいろなところに行って旅行記を書きたいと思っています。自分なりの視点がきらりと光る旅行記にするのが夢です。今回の研究レポートで作った仮説モデルが役立ちそうです。

THINKING AT THE EDGE (TAE) STEPS

Eugene T. Gendlin, Ph.D. and Mary Hendricks, Ph.D., May 10, 2004

(翻訳：得丸さと子・木田満里代)

主要なインストラクション	役立つヒント
<td colspan="2" align="center">ステップ 1-5：フェルトセンスから語る</td>

主要なインストラクション	役立つヒント
<td colspan="2">ステップ１：フェルトセンスに形を得させる</td>
知っているけれどもうまく言えない何か，そして言われたがっている何かを選んでください。「この知っている感じ」をフェルトセンス（輪郭〈エッジ〉はぼんやりしているけれども，身体的にはっきりして区別して感じられるもの）として，いつでもそこに戻ってくることができるように，つかまえておきましょう。 そのフェルトセンスから，ごく大ざっぱに少し何か書いてみましょう。	これから作業するために選ぶものは，よく知っていて経験のある分野のなかのことにしてください。疑問を取り扱うのではなく，あなたが知っている何かにしてください。長年にわたる経験から濃密に知っているけれども，それについて話そうとするとむずかしくて，非論理的で，取るに足らないもので，非常識で，風変わりで……，あるいは，通常の言葉ではうまく言えないような，そんな何かがきっとあるでしょう。もしフェルトセンスをつかむことに慣れていない人は，フォーカシングを学んでみてください（http://www.focusing.org）。
そのフェルトセンスにとどまって，そこからその中核を短い１つの文にして書いてください。その文は，キーとなる語または句を１つ（訳者注：キーワード１とする）含むようにしてください。この段階ではまだその文が十分にあなたのフェルトセンスを言えていなくてもかまいません。	中核を見つけるために，このなかの，言葉にしたいものは何なのかなあ？　そして，このなかで，いま自分にとって大事なポイントは何だろう？　と自問してみましょう。 その文は単なるスタート地点にすぎません。ここで時間をかけて考える必要はありません。そうはいうものの，その文は瞬間，あなたが追い求めているものの核心を告げているはずです。
いま書いた文におけるキーワードに下線を引いてください。	キーワードを見つけるために，もしも自分がその言葉の表している理論の全体を感じているのだとすれば，それは何についての理論だろうかと自問してみましょう。 最初に，具体的な例を見つけてから，文を書くやりかたもあります。
実例を１つ書いてください。	そのようなフェルトセンスが実際に感じられた具体的な例，出来事あるいは時を１つ思い起こしてください。
<td colspan="2">ステップ２：あなたのフェルトセンスのなかの論理以上のものを見つけましょう。</td>
通常の論理では意味をなさないものを見つけて，非論理的な文を書きましょう。	非論理的に思えるものは，最も価値のあるものかもしれません。それを取りこぼしてしまわないように十分気を

	つけてください。
もしも非論理的な文を書くのがむずかしければ，パラドクスを書いてみてもよいでしょう。	パラドクスでは，Aは"Xであり，またXではない"というふうに表現されます。

ステップ3：キーワードを通常の定義で使っているのではないことに気づきましょう。	
ステップ1で下線を引いた語（訳注：キーワード1をさす）の通常の（辞書的な）定義を書きましょう。そしてそれがあなたが意味したいことではないことに注意を向けましょう。	あなたは，"それは私が言いたいことではない"と認識するでしょう。この語では，少し違ったことが伝わってしまうかもしれません。何か新しいことを言おうとしているからには，通常の公的な意味で使う限り，それを正確に言える語はないのです。
あなたの文から下線を引いた語を取り除き，その部分を空所にしてあなたの文を書いてください。	
あなたがいま扱っているフェルトセンスに戻りましょう。そうすると，あなたが言いたいことを表す，別の語がもう1つ出てくることでしょう。	別の語が単なる同義語ではなく，いくらか異なる意味をもつ語になるように気をつけましょう。
いま出てきた語をキーワード2として，その語の通常の定義を書きましょう。	キーワード2のすでにある公的な意味を確認してみると，それがぴったりではないことがわかるでしょう。
いま扱っているフェルトセンスに戻りましょう。そうすれば，さらに別の語，つまり，キーワード3が出てくることでしょう。	
キーワード3の通常の定義を書きましょう。	キーワード3の公的な意味もあなたが言いたいことではありません。
「この知っている感じ」のための定まった語はないのだという事実を受け入れましょう。	どの語もぴったりではありません。「この知っている感じ」が新しいものならば，ぴったりではないのは当然なのです。

ステップ4：あなたが3つのキーワードそれぞれに意味させたいことを言う文，または新鮮な句を書きましょう。	
ステップ1で書いたあなたの文の空所に，もともとあったキーワード1を戻してください。	
あなたは公的な言語を変えることはできないけれど，あなたがその語に意味させたかったことを言うまったく新鮮な文あるいは句を書くことはできます。あなたがキーワード1に意味させたかったことを書きましょう。それはキーワード1がフェルトセンスから引き出す意味	ここでは，あなたの感覚をあきらめないでください。あなたの文があなたのフェルトセンスから語るように，こだわってください。その語に通常言うことを言わせないようにしてください。多くの人にとってはむずかしいかもしれませんが，<u>この文全体があなたのフェルトセンス</u>

であって，キーワード2, 3は引き出さない意味です。

次にキーワード2を空所に入れてください。その語がフェルトセンスから引き出すものを言う句または文を書いてください。

キーワード3についても同じようにしてください。

から語っていると感じるまで待っていてください。

あなたには，その文のなかであなたがその語に意味させたかったことを言うみずみずしく新しい句が必要なのです。大ざっぱな公的な語ではなく，新しい句があなたのフェルトセンスからストレートにやってくるようにしましょう。

ステップ5：新鮮で言語学的には通常ではないような文を書くことによって，あなたが各キーワードに意味させたかったことを拡張しましょう。

ここでは，ステップ4で書いた語や句のなかの重要なものを使います。いまあなたがその語句によって意味したいことをさらに拡張するために，1つか2つの少し奇妙な文を書きましょう。

新しく書いた各文の，新しくて重要な箇所に下線を引きましょう。

ステップ1で作った文の下線を引いて空所にしたところに，ステップ3で引き出した3つのキーワードと，ステップ4で選びステップ5でチェックした重要で新鮮な語句を"ひとつながり"になるように並べて書きましょう。そのつながりの最後に，"……"を付け加えましょう。いまや，あなたが言おうとしていることが一文に精妙に込められました。

ステップ4でありふれた公的な語を使っていないかどうかチェックしましょう。もし使っているならば，新鮮な句を作ってそれらと置きかえましょう。新鮮な言い回しの言葉のなかに，フェルトセンスの新しく独自のものが表れるようにしましょう。それらの文は，あなたの意図どおりに理解されないと，意味をなさないかもしれません。言語学的に通常ではない文の例をあげましょう："ルールを知ることは，そこから新しい方法が開ける容器である" "定義は細胞の成長を止める" "持ちつつあることは，それが持っているものを示す"。もしフェルトセンスに直接的に語らせるならば，言語学的に通常ではない何かがやってくるでしょう。

文法や語句の順序を工夫してみましょう。気に入った1文になるように，余分な語句を取り除きましょう。

"……"は，あなたがフェルトセンスをこれらすべての語と照合しているしるしです。

ステップ6-8 側面（実例）からパターンを見つけましょう

ステップ6：側面を集めましょう

このステップでは，側面，すなわち，実際に起こった実例を集めます。

いま扱っているフェルトセンスに関係のある出来事（側面）を3つ選び，関係する細部を落とさないように，その出来事を書いてください。いま書いた文章のなかで，あなたがキープしたい何かにつながりそうな具体的語句

1つの側面が必ずしも，いま扱っているフェルトセンスのすべてを描写する必要はありません。1つの側面は，そのフェルトセンスを感じたとき，だれかが言ったこと，なぜ関係がありそうなのかあなた自身がわからないようなこと等，そのフェルトセンスに関係あればどんなことでもかまいません。"歯医者が～と言ったとき"というような，些細で個人的なことでもよいのです。ここでは，

に下線を引いておきましょう。 ステップ1からあなたのもともとの実例をここに写しましょう。これで側面が4つ集まりました（訳注：側面1，2，3，4とする）。	"このフェルトセンスと何か関係がありそうな出来事がなかったかなあ"と自問してみましょう。 世間一般の考えや比喩は側面ではありません。"それは火に油を注ぐようなものだ"というのは，実際に起こった出来事ではありません。 どんな実例でも，高次の一般化のさらに上をいくのです。なぜならば，実例というものは内的な独自性をもっているからです。どんな実生活の出来事のなかにも，そこには実際に，何らかの複雑な構造を発見することができるのです。
ステップ7：集めた側面に，詳細な構造を見せてもらいましょう。	
それぞれの側面について： 　細部間には多くの入り組んだ関係があることに気づきましょう。フェルトセンスに関係のある細部間の関係を1つ見つけましょう。 　この関係をまったく違った種類の状況に適用しましょう。 　そして，この関係を，ほかの多くの状況に合うパターンになるように，一般的な用語で言い直しましょう。	現実に起こる経験には，新しい精妙さを作る，細部間の関係があります。それぞれの側面が，これまで気づいていなかった1つの独自のパターンをあなたに見せてくれることでしょう。 *例*：その歯医者は，親指を私の口に入れ脱脂綿を押さえながら，政治の話をしました。子ども，従業員，囚人には言い返す力がありません。そのパターンは：言い返せない人に向かって物を言うことは侵入的になりかねない。
ステップ8：側面を交差させましょう	
こう尋ねてもよいでしょう："側面2から見ると，側面1のなかに，側面1からだけでは見えないような，どんなものが見えてくるだろうか？" キープしておきたい新しいパターンをつかまえておく文を1つ書いておきましょう。	これはすでにやっていることかもしれません。"交差"とは，1つの側面のポイントをほかの側面にもあるとすることを意味します。側面1が側面2と同じパターンをもつと言おうとすると，側面1の新しい局面が見えてくるかもしれません。 2つのことを"交差"することは，いっぽうが他方の実例であると考えることです。同様に，他方がいっぽうの実例であると考えると，さらに何か得られるでしょう。 フェルトセンスの核心全体がどの側面にもおさまりきらない場合でも，それは，各側面を交差することによって見いだされるでしょう。

ステップ9：自由に書きましょう	
ここであなたがいま考えていることを自由に書いてみましょう。	ここまでのあなたの到達点として，わかったことや面白いと思うことを書く，自由なスペースです。

ステップ10-14：理論構築
TAE のひとつの目的がいまや達成されようとしています－暗在的な知（「この知っている感じ」）を明瞭かつ伝達可能なものにします。もしあなたが望めば，形式的，論理的理論を構築することへ，進むことができます。

ステップ10：タームを選択し，相互に関係づけましょう	
3つの語または句を現時点での主要なタームになるように選びましょう。それらをターム "A"，"B"，"C" と呼びましょう。	タームは文ではありません。例えば，"内側から動きだす何か" はタームです。文には常に，主語と述語となる少なくとも2つのタームがあります。
	いままでのすべてのステップの語，句，そしてパターンをみてください。主要なタームの候補リストを作ってください。最も重要だと感じられるものを選んでください。
	3つのタームをつなぐ，三角形をイメージしてください。三角形の内部に，あなたのフェルトセンスの領分のほとんどとその中心的な核が入るように，タームを選んでください。ここで選ばなかった残りの候補は，このあとステップ12で取り入れることができます。
さて，AをBの観点から定義してみましょう。次に，Cの観点から定義してみましょう。まず，それぞれの等式を空っぽの公式として書いてみましょう："A=B."，"A=C." イコールの記号（＝）を "は" で置きかえて，"…である" で結んでみましょう*。A，B，Cに，さきほど選んだ3つのタームをあてはめてください。いまや完全にあっているか，まったく間違っている2つの文ができました。（*訳注：原文では，イコール（＝）を "IS" に置きかえる。）	2つのタームは，両方とも同一のフェルトセンスから出てきたものですから，このイコールのつながりが真実であるようなありかたが，きっとあるはずです。
必要であれば，文を修正してください。新しいパターンが表れる場を見失わないように "〜は……である" はそのままにしておいてください。おなじみのつながりで，ターム間の関係を満たしてしまわないよう気をつけましょう。あなたのフェルトセンスの中核は確実にキープしてください。	もし文が文法的に正しく真実で，かつフェルトセンスから語られているならば，それでよしとしましょう。もしそうでなければ，"〜は……である" はそのままにして，内容が真実で，かつフェルトセンスから語るように，最小限の追加または変更を加えましょう。例えば，"AがBを生み出す" の代わりに，"AはBを生み出す何かである" とすることもできます。もし文が包括的すぎるようならば，"あるAは"，"Aは少なくとも"，"Aは一種

のBである"と，ある程度，限定させることができます。

いまや，AとBをつなぐ1つの真実の文，そしてAとCをつなぐ1つの真実の文ができました。

タームを関係づけるたくさんの文を作り，自由に遊んでみてもよいでしょう。A=Bで，かつA=Cなのだから，Bはある種のCである，もしくは，Cはある種のBである，もしくはそのなかにAをもつBは特別なありかたでのCかもしれない……というふうに，開かれていて固定されていない論理と遊んでみましょう。

ペアを組んで行っているときは，パートナーにタームを関係づける文を提案してもらうと，あなたは，もっと正確にフェルトセンスから応答することができるでしょう。

論理にこだわらずに，タームを分割したり，組み合わせたり，新しいタームを1つか2つ入れて文を作るのも自由です。

目盛りを合わせるように微調整しながら，タームの間の"は"がフェルトセンスの中心を表現していくようにしましょう。

間に"は"のある2～3のタームでフェルトセンスの中核の中心的なところが表現されたら，ステップ10は終了です。もしも，この過程でタームが変わってきていたら，中心となるべきタームをあらためて選び直し，A，B，Cとしましょう。

選び直したときは，選んだタームを，"AはBである"，"AはCである"と書いておきましょう。

ステップ11：ターム間の本来的関係を探究しましょう

2つの文のそれぞれの"は"のあとに"本来"を加えましょう。Aは本来Bである，Aは本来Cである，となります。この文がこの先，何を意味するようになるか，あなたにもまだわからないでしょう。

"A"と"B"は同一のフェルトセンスから出てくるのですから，"A"は偶然"B"であるだけではなく，"A"は**本来**"B"だということになります。

この本来的関係は，公的な場ですでによく知られているような何かではありません。むしろそれは，あなたの"A"の意味であって，その"A"はすでに"B"である何かなのです。例えば："それが本来新しい成長を可能にするものだとして，待つ能力とは何だろうか？"において，本来的関係とは，待つことは時間をとり，成長には時間が必要であるという明らかな公的事実<u>ではありません</u>。

さあ，なぜ"A"が本来"B"なのかを見つけるために，フェルトセンスの精妙さのなかへと入っていきましょう。これらの2つのことは**本来**どのようにつながっているのだろうか？　まさしく**B**でなければならないような，もしくは，**B**とこの関係でなければならないような，Aの**ほかならぬ性質**は何だろうか？　気づいたことを書いておきましょう。本来的なつながりに名前をつけましょう。いまや，AとBの関係がわかりました。その関係を新しいタームにしましょう。

"Aは本来Cである"についても同じようにやってみましょう。

この例のなかで見いだされた本来的関係は，"待つことは気持ちを込めて配慮を与えることであり，その配慮の贈り物が新しい成長を生み出す"ということでした。この場合，"配慮の贈り物"が新しいタームということになります。

これには，2つのタームの背後のフェルトセンスのなかへと入っていくことが必要です。"Aは何であるのか？""Bは何であるのか？"と自問しましょう。あなたのAの意味がすでにあなたのBの意味のなかにあるというような発見があるでしょう。"そうだ，もちろん！　Aってもともとβ以外のものではありえなかったんだ。"あるいは，"AはXなんだ，ああだから，BもXなんだ"と気づくかもしれません。このようにAもBもXだという事実を通じて，AとBは本来的に互いに関係づけられているのです。このとき，Xは，AとBの本来的関係です。

TAE理論は，論理的かつ経験的です。イコールの記号で結んだからといって，それぞれのタームの異なった精妙さが打ち消されてしまうわけではありません。だから，イコールの記号で結ぶことが思いもよらない発見をもたらしうるのです。形式論理的な側からみると，2つのタームは相互に入れかえ可能ですが，経験的な側から見たときには，本来的な等式は1つの理解といえます。それは，実際，1＝（イコール）1といったまったく等しい2つの単一体からなる等式とは違うのです。

ステップ12：恒久的なタームを選んで相互に組み込みましょう。

新たに"非論理的な中核"を構築しましょう。その中核を，ステップ11で見つけたいくつかのタームと，本来的つながりを使って，どのように明確に表現できるか自問しましょう。その中核を明確に表現するために，1つの主要なタームを"は"の前にして，ほかのタームがあとに続くような形式の文を作りましょう。

次に，上記の表現の"は"に続くタームのなかから1つ選びましょう。そして同様に，その選んだ2番目のタームが"は"の前になり，残りのすべてのタームがあとに続くような中核の表現を書いてみましょう。

3〜4個の主要なタームを選びましょう。このあともタームを付け加えることができます。

これがタームを"相互に組み込む"ということです。つまり，非論理的中核は，単にタームとタームの間ではなく，それぞれのタームのなかへと定義されるのです。この作業の終わりには，次のような形式の文ができます：
[A]**は**[B]であるところの[C]である，[B]**は**[C]

3番目のターム以下についても，同様にやってみましょう。いま，各タームは，残りのタームがすべて入った明確な表現によって定義されました。

1つ1つの文をこんなふうに確認してみましょう：この文は本当にそのタームの自分の意味を言い得ているのだろうか？　と自問してみましょう。それらの文は同じことを単に違う順序で言っているだけのように見えるかもしれません。しかしよく見ると，もっと独自性があれば，より本来的なリンク・タームを作り出し，あなたの意味を表現できる文があることに，気づくでしょう。

ある文で独自性をさらに展開したならば，残りの文に戻って，追加したリンク・タームを組み込みましょう。このようにしていくと，どの1つのタームの変更や追加も，自ずと残りのタームの定義に反映されていきます。これは，理論がさらに展開する1つの道です。

ここで，これまでのステップに戻って自問してみましょう：この理論が自分の言いたいことを言い得るために，次にどんな語句を必要としているのだろうか？　必要な語句を1つずつ追加してください。それぞれの語句はさきほど定義したタームから"導出"してください。"導出する"とは，新しいタームと以前のタームの間の本来的関係を見いだすことです。見いだした関係を説明し，書きましょう。

ようやく，タームが，あなたの奇妙なパターンによって，論理的にも経験的にもつなげられました。ここで，次のようにタームを相互におきかえて，面白い文が作り出せます。おきかえの方法は以下の通りです：F＝Aかつ

であるところの［A］である，［C］は［B］であるところの［A］である　等々。

次のように自問することも必要です："この文はほんとうにあのタームの定義としてふさわしいだろうか？"こう自問することで，より独自の意味とリンク・タームが見つかるでしょう。

AはCであるところのBなのだから，Cを定義するにあたってDを付け加えると，そのときAはいまや「CとDであるところのB」によって定義されます。この文がAとBのフェルトセンスにぴったりであることを確かめましょう。もしそれがぴったりでないときは，何かを変更したり追加したりしましょう。あなたはいま，新しいタームの間の新しい論理的な関係を作っているのですから，通常の関係にこだわる必要はありません。
いったんタームを定義したら，そのタームが出てくるときはいつも，タームの意味を同じにキープしましょう。論理的なパワーは，タームが同じであり続けることにかかっています。そうすれば後に，手紙，文書，会話などにおいて，種々に言い方を変えてバージョンを創り出していくことができます。

理論的中核から次々と新しいタームを導出し定義できることがわかるので，わくわくしてくるでしょう。あなたの理論のパターンがそれぞれの新しいタームのなかへと入っていき，理論を内側から説明するでしょう。

論理的なつながりを通じて，すべての新しいタームは，ほかのタームと相互に，本来的に関係するようになります。これがあなたのフェルトセンスにぴったりかどうかチェックしましょう。

A＝Bならば，F＝Bである。ここではF＝Bは新しい文です。あるいは，F＝[Gを含むA]で，かつA＝Bならば，F＝[Gを含むB]である。

おきかえによって，文の配列形式の，結論へと向かっていく論理的推進力＊を展開することができます。その結論はフェルトセンスに受け入れられるかもしれないし，受け入れられないかもしれません。受け入れられない場合は，フェルトセンスにもう一度ひたって，違いを見きわめます。このように，論理と経験の力に助けられて，あなたの理論は精緻化するのです。（＊訳注：以下の"形式的論理的推論"はここで述べられている論理的推進力をさす）

おきかえによっては，あなたを驚かせ，理論を拡張するものもあるでしょう。新しい文を得たもののそれが大胆で間違っているように思えるときには，そこに照準を合わせ，<u>新しいと感じたところを見失わないように気をつけながら文を修正しましょう</u>。例えば，おきかえによって，F＝Bであるという文を得たとしましょう。この文は非文法的で間違っているように思えるかもしれませんが，"B"の性質をもう一度考えるうえでは刺激となるでしょう。"B"はもしかするとこの奇妙なパターンを示すかもしれない。だとすると，それはどんなふうに"B"にあてはまるだろうか？すると，突然，──ああ！本当にそうだ──という感じが現われるでしょう。それは"B"について一般的に知られている以上のことを言い得ているでしょう。

このインストラクションを必要なだけ繰り返して，これまでのステップからあなたが必要とするタームをもれなく入れてください。

いったん論理システムが出来上がると，そこから出てくる推論は"形式的論理的"です。"形式的論理的"とは，意味内容ではなく論理的な連結から推論が生じることを意味します。もしタームが，あなたのフェルトセンスが受け入れがたいような，論理的に窮屈な推論を導いてしまったときには，少し変える必要があります。この時点での小さな変更やタームの付加は大抵，論理システムを補正するように働くものです。もし補正するように働かないときには，論理システムをもう一度開き，タームを組み込み直さなければなりません。それ以外の場合は，閉じたままにしておけば，論理システムは自ずと機能していきます。論理システムが論理的<u>かつ</u>フェルトセンスにぴったりと合うように働くとき，そこからさらに導かれる"形式的論理的な"推論はパワーに満ち，予想だにしなかった，しかし，意味深いものになるのです。

厳密な形式に従わなくても，まだ使っていないいくつかの語句を，いずれかの主要なタームの下にほぼイコールであるとして分類してもよいでしょう。同じ分類のターム同士を奇妙なパターンのなかでおきかえると，論理の展開に従って次々と文が産出されていきます。このようにして，あなたの新しいパターンは，即座に多くの明確な表現を生み出せるのです。

ステップ13：あなたの理論を自分のフィールドの外に適用してみましょう

ここはひと休みのステップです。

あなたの諸タームのなかの新しいパターンは，モデルと

あなたのパターンを適用すれば，人間の性質，社会，国家，集団，国際関係，自然科学，真実，美，倫理，著作，性，言語等，大きな概念について，どんなことが言えそ

して役立ちます。そのパターンを，芸術，宗教，教育，詩作といった1つないし複数の大きな領域に適用してみましょう。	うでしょうか？ ステップ7の歯医者の例のパターンを教育に適用するならば：非侵入的教育は学生に能動的な役割を要求する，となるでしょう。
次のような形式の文を書いてみてください。 　　　　についてのあること（何らかのトピックの1つの局面）に関する何かが　　　　（自分のパターン）のようである。その文をフェルトセンスに合うように完成させるような何かが浮かび上がってくるのを待ちましょう。そして，気づいたことを書いてみましょう。	例えば：“学ぶこと（トピック）についてのある局面は，2つの外側をもつ内側（パターン）のようなものだ”となります。
どんな小さなトピックや出来事も，あなたの理論を通せば，面白くて新しい方法で理解できるようになるでしょう。	あなたが取り出して明確にしたそのパターンはあなたの側面でほんとうに起こったからには，人間の経験において起こりうるということなのです。あなたの理論を適用することが真実である，もしくは真実であるべき何かを見せてくれるかもしれないのです。
ステップ14：あなたの理論を自分のフィールドのなかで拡張し，適用しましょう	
ここはあなたの理論の本格的な展開になります。それは何年も続くかもしれません。あなたの理論を拡張するために，自問することができるでしょう：次にどんな問いが生ずるだろうか？　またはこの理論からどんなさらなる理解が導き出されるだろうか？　密接に関係する要因でもれているものはないだろうか？	あなたの理論が自分の意図していないことを含意してしまっている場合には，どんなさらなるタームあるいは区別があれば，それを修正できるでしょうか？ 実際の例を1つ思い出すことが，新しい区別を定式化することに役立つでしょう。
必要であれば，追加したそのタームが導出されるように，本来的なつながりを付け加えましょう。	いったんある理論が展開すると，さらなる区別や含意は，あなたが発明しなくても，おのずと続くでしょう。そのときには，“これは何だろう？”と自問しましょう。そうすれば，それ以前には思ってもみなかった重要なことが導出されたことに，突然気づくことでしょう。
新しいタームを1つつなげるごとに，その新しいタームについてほかのタームによって何がいえるかを，置きかえによって調べてみましょう。 このようにして，あなたの理論はさらに先へと拡張できるのです。	あなたの理論が当然視されたり美しく整ったりしているものを拒むこともあるでしょう。あなたの理論はフェルトセンスに暗在する精妙なつながりから表れてくるものなので，理論が“反論してくる”ときには，きっと理由があるのです。
その理論を，あなたのフィールドのなかで説明し明確化	あなたの見つけた新奇なパターンは，あなたのフィール

したい領域や関心事に，適用してみましょう。自分の理論はどこに意味ある違いをもたらすだろうか？ その違いを自分の理論のなかのタームで新鮮に定義してみましょう。

ドの特定の局面を再構築することができます。

あなたは新しい概念群を創造しつつあるのです。たとえいま扱っているトピックが十分確立された見方に基づく大きな分類に属するとしても，あなたの言おうとしていることが，固定化された定義や古い思考法に制限されないようにしてください。ステップ13の広い領域で行ったように，あなたのトピックを再構築することをためらわないでください。このような再構築を，通常の方法の「逆転」と呼びます。通常の方法では，新しく特異なものは，より大きなトピックに関する既存の仮説の下に容易に埋没してしまいがちです。しかし，"逆転"して再構築すれば，埋没するどころか，例えば猿に関する1つの特定の概念であっても，動物学全体の再構築を要求するかもしれないのです。

人は，新しく理論を作ったとき，先行する既存理論の"ほんとうに言わんとする"ことを，正しい理解によって，導き出せた"のだ"と信じがちです。しかし，古い理論に依拠するだけでは，めざすところの精確な理解には到達できないのです。

理論は社会的な機能をもっています。フェルトセンスから<u>精確に</u>語れることこそが，個人の理解を私たちの世界へと，しっかりと造り込んでいくのです。

（Eugene T. Gendlin, Ph.D. と Mary Hendricks, Ph.D. の許可を得て翻訳掲載）

むすびにかえて

　ここまで読んでくださったみなさん，ありがとうございました。「足の裏」を感じることから始め，イメージ，短い文，詩，エッセイ，小論文，研究レポートと進んできました。すべてのワークを通じて伝えたいことは，次の5つです。

　　※ふだんから「からだの感じ」にアクセスすること。フェルトセンスをよく感じること
　　※よく考えること。フェルトセンスに照らし合わせながらていねいに言葉にすること
　　※実際に書く（描く）こと。書いた（描いた）ものとフェルトセンスを照合すること
　　※だれかに伝えること。だれかのフェルトセンスを共に感じようと努めること
　　※外からの刺激（経験や言葉）に柔軟に対処すること。刺激を受けたら立ち止まって，フェルトセンスを感じ直すこと。

　言葉にすると，せっかく感じていることが台無しになってしまうと考える人がいるようです。しかし，それは間違いです。「からだの感じ」（フェルトセンス）は言葉にすることで，より細やかになります。よりはっきりと記憶に残り，身体に刻まれます。言葉は身体を内面的に成長させます。「からだの感じ」と「論理」は相いれないと考える人がいるようです。しかし，それも間違いです。人間は，その両方に，同時にアクセスすることができます。「からだの感じ」を効果的に使うことによって，論理的思考も進みます。同時に，「からだの感じ」も変化します。

　「話すこと」も効果的ですが，構造化という意味では「書くこと」に及びません。「書くこと」は「からだの感じ」を複雑に構造化することを可能にします。また，「書くこと」は「書いたもの」を対象化します。「書いたもの」を自分自身で読むことによって，「からだの感じ」と言葉の相互作用をさらに進めることができます。また，「書かれたもの」は，書いた人の身体を離れ，運ばれたり読まれたり保存されたりします。書いた人の「からだの感じ」を，空間を越え，時間を超えて，伝えることができるのです。

　あなたがいま，生きているその場所で，「感じましょう」「考えましょう」「書きましょう」「交わしましょう」。あなたがいまそこで生きていることは，かけがえのないことです。あなたが書く作品は，いまそこから，世界に響き，未来を照らすのです。

　作品を発表する場として，会員制インターネット電子掲示板（無料）を運営しています。関心をおもちの方は，次ページ「さくぶん.org」にお問い合わせください。

　ワークショップも開催しています。このテキストは，1人で学んでむずかしさを感じる方，グループのリーダーとなってこの方法を伝えてくださる方は，「さくぶん.org」のワークショップ情報をご覧ください。（一部有料）。

　では，いつかどこかで，あなたのフェルトセンスと出会うことを念じつつ，そのときまで，ごきげんよう。

謝辞

このテキストを作成するにあたり，多くの方々の協力を得ました。TAE ステップの翻訳を許可し，数々の質問に答えてくださったユージン・ジェンドリン博士とメアリー・ヘンドリクス博士に心より感謝致します。作成例の掲載を許可してくださった元大学生，現大学生のみなさん，素敵なイラストをたくさん描いてくれた元学生でイラストレーターの中井梓左さん，TAE ステップの共訳に取り組んでくれた同時通訳家の木田満里代さんに感謝します。有益な示唆を与えてくれたジェンドリン哲学勉強会「ぽえとりー・ぷれいす」のメンバー，村里忠之さん，末武康弘さん，事務局の山田みょうえさん，細かい作業に粘り強くお付き合い下さった図書文化社の牧野希世さんにも感謝します。最後に，いつもあたたかく見守ってくれる夫と 2 人の娘に感謝します。

※このテキストは大学教育高度化推進特別経費ー教育・学習方法等改善支援経費（平成 18 年度採択　課題名：身体知を言語化する作文教育・学習方法の開発）の研究成果の一部です。

参考文献

Cornell, A.W. (1996) The Power of Focusing. New Harbinger Publications. Inc.
（大澤美枝子・日笠摩子訳『やさしいフォーカシング』コスモス・ライブラリー，1999 年）

Gendlin, E.T. (1962). Experiencing and the creation of meaning : a philosophical and psychological approach to the subjective. Free Press of Glencoe.
（筒井健雄訳『体験過程と意味の創造』ぶっく東京，1993 年）

Gendlin, E.T. (1963). Experiencing and the nature of concepts. The Christian Scholar, 46(3), 245-255.

Gendlin, E.T. (1964) A theory of personality change. In P. Worchel & D. Byrne (Eds.). Personarity chage. 100-148. John Wiley and Sons.（村瀬孝雄訳『体験過程と心理療法　新装版』ナツメ社，1981 年）

Gendlin, E.T. (1965). What are the grounds of explication?: A basic problem in linguistic analysis and in phenomenology. The Monist, 49(1), 137-164.

Gendlin, E.T. (1965/66). Experiential explication and truth. Journal of Existentialism, 6, 131-146.

Gendlin, E.T. (1978) Focusing. Bantam Books（村山正治・都留春夫・村瀬孝雄訳『フォーカシング』福村出版，1982 年）

Gendlin, E.T. (1997) A Process Model. The Focusing Institute.

福盛英明・森川友子『マンガで学ぶフォーカシング入門　からだをとおして自分の気持ちに気づく方法』誠信書房，2005 年

近田輝行・日笠摩子，日本・精神技術研究所『フォーカシングワークブック　楽しく，やさしい，カウンセリングトレーニング』金子書房，2005 年

村里忠之「TAE あるいは言葉の欠けるところ」『フォーカシングの展開』ナカニシヤ出版，2005 年

関連サイト

THE FOCUSING INSTITUTE　http://www.focusing.org/　(一部，日本語ページもあります)
日本フォーカシング協会　　http://www.focusing.jp/

さらなる学びのために

・さくぶん.org

　　作品発表の場として，会員制インターネット電子掲示板を運営しています。学校の授業単位での参加を歓迎しますが，有志グループや個人でも参加できます。参加は無料ですが，簡単な入会審査があります。件名に「さくぶん.org」と書いて，下記まで電子メールでお問い合わせください。

・ワークショップ

　　このテキストを使用したワークショップを開催しています。日時，場所，参加費等の情報は，http://www.sakubun.orgでご覧になれます。参加申し込み，お問い合わせは，件名に「TAE ワークショップ」と書いて，下記まで電子メールでお願いします。

さくぶん.org　電子掲示板	http://www.sakubun.org/
問い合わせ先：電子メール	tokumarusatoko@yahoo.co.jp（得丸さと子）

◆著 者

得丸　さと子（智子） とくまる・さとこ

1959年生まれ。日本女子体育大学体育学部スポーツ健康学科教授。明治大学法学部兼任講師。亜細亜大学兼任講師。京都大学教育学部教育心理学科卒業，京都大学大学院文学研究科博士後期課程国語学国文学専攻単位取得満期退学。博士（人文科学）。著書に，『外国語としての日本語教育』（分担執筆）くろしお出版，『カウンセリング心理学辞典』（分担執筆）誠信書房，『日本文学研究論文集成22　馬琴』（分担執筆）若草書房，『江戸小説と漢文学』（分担執筆）汲古書院，『源氏物語の本文と受容』（分担執筆）勉誠社，ほかがある。

◆イラスト

中井　梓左 なかい・あずさ

1984年生まれ。イラストレーター。日本女子体育大学卒業。現在，デザイン事務所に勤務しながら活動中。2006年 初の個展「azuポップ展」開催。以後，日本女子体育大学，東京家政大学，東京工芸大学ほか，広告を中心に活動している。2008年7月，World Characters Convention Gate Of The Next 出展。紅茶メーカーのデザイン・イラストを担当。ほかにも，アパレルメーカーの商品を製作中。
HP URL（http://azu-pop.petit.cc/）。仕事の依頼，問い合わせ等は asianfruits140@yahoo.co.jp まで。

TAEによる文章表現ワークブック
エッセイ，自己PR，小論文，研究レポート……，
人に伝わる自分の言葉をつかむ25ステップ

2008年11月 1 日　初版第1刷発行［検印省略］
2022年 2 月10日　初版第5刷発行

著　　者 ⓒ 得丸さと子
イラスト　中井梓左
発 行 人　則岡秀卓
発 行 所　株式会社　図書文化社
　　　　　〒112-0012　東京都文京区大塚1-4-15
　　　　　TEL.03-3943-2511　FAX.03-3943-2519
　　　　　振替　00160-7-67697
　　　　　http://www.toshobunka.co.jp/
装　　幀　株式会社　図書文化社
印　　刷　株式会社　加藤文明社印刷所
製　　本　株式会社　村上製本所

JCOPY〈出版者著作権管理機構 委託出版物〉
本書の無断複製は著作権法上での例外を除き禁じられています。複製される場合は，そのつど事前に，出版者著作権管理機構（電話03-5244-5088，FAX 03-5244-5089，e-mail: info@jcopy.or.jp）の許諾を得てください。

乱丁・落丁の場合はお取り替えいたします。
定価はカバーに表示してあります。
ISBN 978-4-8100-8524-2 C2011

教職や保育・福祉関係の資格取得をめざす人のためのやさしいテキスト

たのしく学べる最新教育心理学

桜井茂男編　Ａ５判／256ページ●定価2,100円

目次●教育心理学とは／発達を促す／やる気を高める／学習のメカニズム／授業の心理学／教育評価を指導に生かす／知的能力を考える／パーソナリティを理解する／社会性を育む／学級の心理学／不適応と心理臨床／障害児の心理と特別支援教育

学習意欲を高め，学力向上を図る12のストラテジー

科学的根拠で示す学習意欲を高める12の方法

辰野千壽著　Ａ５判／168ページ●定価2,100円

「興味」「知的好奇心」「目的・目標」「達成動機」「不安動機」「成功感」「学習結果」「賞罰」「競争」「自己動機づけ」「学級の雰囲気」「授業と評価」の12の視点から，学習意欲を高める原理と方法をわかりやすく解説する。

「教職の意義等に関する科目」のためのテキスト

改訂新版 教職入門—教師への道—

吉田辰雄・大森正編著　Ａ５判／216ページ●定価1,890円

主要目次●教職課程で学ぶこと／子どもの生活と学校／教師の仕事／教師に求められる資質・能力／教員の養成と採用／教員の地位と身分／学校の管理・運営／付録：教育に関する主要法令【改定教育基本法・学校教育法・新指導要領】

教育評価事典

辰野千壽・石田恒好・北尾倫彦監修　Ａ５判／上製函入り／624ページ●定価6,300円

主要目次●教育評価の意義・歴史／教育評価の理論／資料収集のための技法／知能・創造性の評価／パーソナリティー，行動，道徳の評価／適性，興味，関心，態度の評価／学習の評価，学力の評価／各教科・領域の評価／特別支援教育の評価／カリキュラム評価と学校評価／教育制度と評価，諸外国の評価／教育統計とテスト理論

わかる授業の科学的探究

授業研究法入門

河野義章 編著
Ａ５判／248ページ
●定価2,520円

「変化のある授業」「楽しい授業」「わかる授業」とは？　最新の心理学的研究の知見をもとに，授業を多角的に分析・研究し，「よい授業」とは何かを問い直す。

●目次　授業研究の要因／授業を記録する／授業研究のメソドロジー／授業ストラテジーの研究／学級編成の研究／発話の研究／協同の学習過程の研究／発問の研究／授業タクティクスの研究／空間行動の研究／視線の研究／姿勢とジェスチャーの研究／板書の研究／学習者の課題従事の研究／ノートテイキングの研究／学習スキル教育の研究／ものづくり過程の研究／評価テストの作成／授業研究のためのデータ解析／校内研究の進め方

図書文化